新时代"课程思政"教育与日语教学研究

孙雄燕　著

中国农业出版社

农村读物出版社

北　京

图书在版编目（CIP）数据

新时代"课程思政"教育与日语教学研究 / 孙雄燕
著 . —北京：中国农业出版社，2022.6
ISBN 978-7-109-29591-9

Ⅰ.①新… Ⅱ.①孙… Ⅲ.①高等职业教育－思想政
治教育－教学研究－中国②日语－教学研究－高等职业教
育 Ⅳ.①G711②H369.3

中国版本图书馆 CIP 数据核字（2022）第 111432 号

中国农业出版社出版
地址：北京市朝阳区麦子店街 18 号楼
邮编：100125
策划编辑：姜爱桃
责任编辑：李 夷 刁乾超
责任校对：吴丽婷
印刷：北京中兴印刷有限公司
版次：2022 年 6 月第 1 版
印次：2022 年 6 月北京第 1 次印刷
发行：新华书店北京发行所
开本：700mm×1000mm 1/16
印张：11
字数：205 千字
定价：68.00 元

FOREWORD

21世纪是创新的时代。教师是培养人才的人。要培养具有创新意识和创新能力的人才，教师首先要具备创新创造的能力素质，即掌握教育理论，熟练运用教学策略，具有丰富的专业知识和教学能力。

目前，我国的高等教育已经从"精英教育"转变为"大众教育"，日语人才培养模式也从"专业型""研究型"转变为"复合型""应用型"。特别是进入21世纪，社会对日语人才的需要不再是"单一掌握日语语言"的人才，更需要具有日语跨文化交际能力和日语＋α（各种技能）能力"的人才。日语教学的课程结构、目标体系、评价机制、课程内容等都发生了变化，教育学、心理学、语言学的研究成果也为日语教学提供了更加丰富的理论依据。随着互联网的普及，现代教育技术为日语教学提供了更多的教学模式和教学方法，对教师指导学生学习所必备的能力素质的要求更高，如何尽快适应教学发展的实际和社会对日语人才的需求，培养出高水平、高素质、高能力的日语人才，是相关教育工作者不能回避的命题。

具备扎实的专业基本功是一名合格教师的必要条件，外语教师的创造和创新能力最直接、最显性地表现在课程与教学中。教师在教学过程中需要不断总结教学规律，提炼教学理论和策略，改进教学模式和方法。高校日语教师在传授日语知识和技能的同时，还要担负起育人的责任。可以通过语言文字对比增强民族自豪感、在社会现象对比中贯彻社会主义核心价值观，可以发掘日语课程中蕴含的思政元素，将这些元素有机地融入日语课程教学的全过程，使日语知识的传授与正确的价值观引领相得益彰。

本书共包括六章，分别讲了课程思政与日语教学理论概述、日语教学研究、日语词汇教学研究、日语语法教学研究、日语语言教学策略以及课程思政与日语教学的融合。

限于作者水平，书中问题和不妥之处在所难免，敬请读者给予批评指正。

著　者

2022 年 1 月

CONTENTS 目录

第一章　课程思政与日语教学理论概述

随着社会的进步发展，多元文化交融并进，对于尚处在成人成才关键时期的大学生而言，将思想政治教育贯穿到高校教学全过程十分必要，这对于包括日语专业在内的高校外语专业的学生而言更为重要。本章介绍了课程思想政治的内涵与理念、课程思政的转化与发展、日语教学的原则、目标以及基本理论。

第一节　课程思政的内涵与理念

一、课程思政的相关概念与区别

课程思政的概念界定为：以构建全员、全程、全课程育人格局的形式将各类课程与思想政治理论课同向同行，形成协同效应，把"立德树人"作为教育的根本任务的一种综合教育理念。对于这一概念的理解和把握有以下几个要义：第一，课程思政不是一门具体的课程，而是一个体系，是一个包含思政教育目标、内容、手段及方法的体系。第二，课程思政所指的课程，是指所有的非思政课程，包括通识课程、基础课程、专业课程，甚至可以拓展到没有具体课程形态的隐性课程，因此，思政课程不是课程思政研究的对象。第三，课程思政指的是课程思想政治，研究的范畴是思想政治教育。第四，课程思政还是一个重要的理念，既作为新的思政理念，对推动思政教育改革具有很强的指导意义；又作为重要的课程理念，赋予课程教学改革深远的价值。

从目前的研究来看，以存在形态的定位研究课程思政，主要是按照"思想政治教育——课程思政"的逻辑进行分析，也就是把课程思政放入思想政治教育的学科体系中进行探讨。

思想政治教育作为社会实践活动，是指一定的阶级、政党、社会群体用一定的思想观念、政治观点、道德规范，对其成员施加有目的、有计划、有组织的影响，使他们形成符合一定社会、一定阶级所需要的思想品德的社会实践活动。它包含思想教育、政治教育、道德教育等，不以人们的意志为转移，即使名称不同,但都普遍而客观地存在于很多国家和历史发展中。从实践方式来看,思想政治教育主要有两种情况,第一种是旗帜鲜明的直接教化,采用正面、直接的施教方式;第二种是迂回含蓄的间接教化,把教化渗透到丰富多彩的社会生活中。

此处探讨的课程思政则是以上两种情况的合集。具体而言,课程思政在高校课程建设中,既有思想政治教育的显性课程——思想政治理论课发挥价值引领作用,又有隐性课程——综合素养课程和专业教育课程在知识传授中强调主流价值引领,以强化显性与细化隐性、知识传授与价值引领相结合的方式,使思想政治理论教育与专业教育协调同步,真正实现在课堂教学主渠道中全方位、全过程、全员立体化育人。课程思政就是将马克思主义理论贯穿教学和研究全过程,深入发掘各类课程的思想政治理论教育资源,从战略高度构建思想政治理论课、综合素养课程、专业教育课程"三位一体"的思想政治教育课程体系。简而言之,课程思政就是高校的所有课程都要发挥思想政治教育作用。而课程思想政治教育的概念界定为:通过非思想政治理论教育课程来实现对学生思想意识、政治观点、道德品质、行为规范、职业素养等的教育活动。①

因此,所谓的课程思政就是在马克思主义基本立场观点、方法的指导下,以学校所有课程为育人载体,把思想政治教育贯穿于教育教学活动全过程的育人理念和实践活动,即课程承载思政、思政寓于课程。

推动课程思政体系的发展,离不开专业课程的设计创新。完善课程思政体系,要将专业课程作为课程思政的重要组成部分,立足学科的特殊视野、理论和方法,创新专业课程话语体系,实现专业授课中知识的传授与价值引导的有机统一,达到"以文化人、以文育人"的隐形课程思政目的,扭转目前专业课程教学中重知识传授、轻德行培育的状况,深度发挥课堂主渠道功能,打破原先思政教育和专业教育"两张皮"的困境,真正做到各门课程"守好一段渠、种好责任田""与思想政治理论课同向同行,形成协同效应"。

立足上述分析与界定,本书把专业课作为研究的视角和切入点,对课程思政进行探索,使得课堂主渠道的功能实现最大化,对构建全课程育人格局、构建高校大学生思想政治教育体系、深化高校课程改革有一定的启示意义。

二、课程思政的核心理念与建设路径

在如今社会多元价值交织、渗透的复杂背景下,社会主义核心价值观与西方所谓的"普世价值观"之争尤为激烈,单纯或过度依赖思想政治理论课对大学生进行价值引导的局限性日益凸显,且大学生价值观教育的问题不只是价值

---

① 邱伟光,2017. 课程思政的价值意蕴与生成路径 [J]. 中国高等教育.

取向问题，而是怎样培养人才和为谁培养人才的问题。

价值引领从本质上来讲，是对社会存在的多种多样的价值取向进行整合，并有目的、有针对性地塑造教学对象价值观念的过程。在一元与多元的价值取向之中，核心价值观的引领起到主导作用，是最为关键的一步，不可或缺。学校是国家培养人才的重要基地，其立身之本是立德树人，所有课堂都有育人功能，要充分挖掘专业课中的思政资源，在知识和能力培养中做好大学生思想引领和价值观的塑造工作，把课程中的文化基因和价值范式转化为弘扬社会主义核心价值观的教学载体，将社会主义核心价值观融入大学生思想政治教育全过程，帮助大学生校准理想信念、价值取向的坐标，自觉克服在价值认知、价值判断、价值选择等方面存在的困惑与偏差，努力增强大学生的政治认识和认同、文化自觉和自信，实现推进大学生的价值观教育与行为内化的双轮驱动，唤醒青年一代的责任意识和担当精神，提升大学生的思想道德、精神品格和人文素养。

在做到全课程育人的同时，全体教师履行育人职责，高校实现各门课程与思想政治理论课同向同行，这就是架构课程思政体系的目标与核心理念。在教育教学中将社会主义核心价值观内化于心，外化于行，既注重在价值传播中凝聚知识底蕴，又注重在知识传授中强调主流价值引领，突出显性教育与隐性教育相融通，实现立德树人润物无声。

"才为德之资，德为才之帅。"做好高校课程思政的推进工作，实现育人目标，要始终坚持因事而化、因时而进、因势而新，与时俱进地促进课程思政的建设。这些主要从教师、教材、方法、制度等方面进行。

（一）教师是关键

教师是学生价值观教育上的引路人，教师的育人意识和育人能力是决定课程思政效果的关键因素，只有对专业知识和思政教育有深刻的理解和坚定的认同，才能在课堂教学过程中有效地传递给学生。为此，应着力提升教师的思政意识与结合专业的价值教育执教能力，促使学生能够真正"亲其师，信其道"，实现传道与授业的有机统一。

邱伟光建议教师，特别是专业课程的教师做到以下几点：第一，教师不能只做"教书匠"，更要成为"大先生"，既做"经师"又做"人师"，把知识传授、能力培养、思想引领教育融入每一门课程中，在每门课程中体现育人功能；第二，教师自身要提升课程思政的育人能力，增强课程思政的亲和力和说服力；第三，教师要做好模范带头作用，坚持言教与身传相统一；第四，坚持学术自由和学术规范相统一，在保留自身课程知识特点的同时，与思想政治理论课保持同向同行。

（二）课程是基础

课程是课程思政建设的重要依托。高校课程都是按照专业进行设计，特别是专业课程传授的教学内容会直接体现知识的价值导向，因此要集中骨干教师力量，统筹优势资源，深度拓展教学内容，避免脱离实际，与时代、国家、学校等理念保持一致，推出高水平的教材，激发学生对课程学习的热情与兴趣，形成认真学习、积极实践、广泛讨论、积极思考的良好氛围，实现知识与价值观的认同，在潜移默化中树立正确价值观。

（三）方法是手段

方法是一种不可抗拒的力量，所以只有选择正确且适当的教学方法，才能提高学生的自觉性和学习效率。因此，教师应该深入了解学生的心理和兴趣，增强与学生之间的沟通，避免采用单一的注入式教学方法，从而获取学生最佳专注力，加强学生课堂参与的主动性，进一步深化学生对理论与实践的理解和思考，达到事半功倍的效果，最终实现教学目的。

（四）制度是保障

构建行之有效的领导机制、管理机制、运行机制和评价机制是高校课程思政建设的重要保障。高校领导要立足学校的办学定位和办学特色，以马克思主义理论思想为引领，亲自授课、听课，指导课程思政建设。高校教务部门要统筹教育资源，重点把握课程培养方案、教材选定、政治标准等关键教学环节，拟定课程建设规范和思想政治教育课程评价标准。同时，要充分发挥高校马克思主义学院在课程思政建设中的协同引领作用，并为思政课教师与专业课教师提供教学共享平台，构架合作机制。人事部门要制定相应的激励机制，在人才引进、师资培养等方面有所体现。总之，只有把每一位教师都动员起来，才能使课程思政建设稳步发展。

第二节　课程思政的转化与发展

一、从思政课程到课程思政转化的必要性

（一）思政课教师队伍的建设与管理有待完善

从 2005 年《关于进一步加强和改进高等学校思想政治理论课的意见》（中共中央办公厅〔2004〕16 号）发布至今，国家出台的一系列关于改进高校思想政

治工作和思想政治理论课的文件中，针对思政课教师队伍都提出了"要加强对思想政治理论课教师的培训"的要求以及"着力提高教师的思想政治素质、专业水平和教学能力"的目标。各高校也积极配合，并为思政课教师的培训、调研等提供支持。但是，在为思政课教师提供众多机遇的同时，部分高校的管理理念与配套机制却尚未完善，如陈萌等（2014）提出的"多数高校思政课教师的教学任务繁重，除担任本、硕、博思政课外，还承担硕博专业课、选修课，使其忙于教学而无力再参加各类培训，同时还要利用空余时间开展学术科研活动，使其提升自身素质、学历水平的时间和精力更加受到挤压，甚至完全取消"，[①] 从而使得思政课教师队伍的建设与发展受到了阻碍。

（二）教育内容比较单一

1. 教学内容有重复

首先，高校思政课的教学内容和中学阶段的一些教学内容相重复。学生在高中时期就有了一定的政治基础，但在上大学思政课的时候发现课本里的一些内容并没有在高中的基础上进行更新、拓展，反而是进行了简单的重复，影响了大学生对思政课的学习热情。例如，高中的政治课与高校的思政课在经济生活、政治生活、文化生活这三个部分的教学内容有较多的重叠。

其次，高校思政课教学内容的重复性还表现在课程之间。学习理论知识对学生而言本就是一件枯燥乏味的事情，尽管每门课程在相同问题上视角不一、侧重点不同，但任课教师很难做到每次课都让学生对这些内容有新鲜感，特别是思想政治教育专业、政治学专业、哲学专业等本科课程内容与思政课内容有许多重合，以致大大降低了思政课对学生的吸引力，影响教学的实际效果。

2. 教学内容针对性不强

如今存在学习实用化趋势，部分学生注重立竿见影的学习效果，较少关注长远发展，且高校思政课大都是以大班形式多专业共同上课，教学内容与目标设置无法与学生的专业相匹配，降低了学生上课积极性。此外，在思想政治理论课的教学内容中，许多理论知识都是从宏观角度进行阐述和分析，思路比较宏阔，内容偏于抽象，学生不易结合自身实际和所学知识来深刻认识所要讲的内容，限制了学生对课程理论的内在延伸和创新思维。

---

① 陈萌，姚小玲，2014. 新时期高校思想政治理论课教师队伍建设的问题与对策研究［J］. 思想教育研究.

（三）教学方式吸引力不够

余欢欢（2019）提出，教学方法是教学理论与教学实践永恒的主题，是现代教学研究中一个十分引人注目的研究领域，也是每一位教师，不论是新教师还是老教师都必须严肃对待、认真钻研、甚至要终生研究的课题。[①] 在高校思政课上，教学方法的选择对高校思政课教学起着重要的作用。选择合适的教学方法，对思政课的开展起到事半功倍的效果；反之，则会削弱学生对思政课的兴趣与热情，降低教学效果。目前，大多数高校思政课的教师因为教学内容繁多、课时紧张，往往不得不采用相对单一的教学方式进行授课，即以教师讲授为主的单向灌输方式，如此一来，师生之间的互动就少了，学生的主动性也降低了。另外，余欢欢（2019）还指出，在"启发式教学，激发学生求知欲"和"合理有效地使用教学手段"等方面，部分思政课教师在教学方式上还缺乏创意与多样性，使整个授课过程缺乏强有力的吸引力。

（四）教育环境仍存在负面影响

1. 社会环境的不良因素带来的消极影响

社会环境一般包括政治、经济等多个方面。随着政治多极化、经济全球化，国内的社会环境发生了巨大的变化，这些变化在很大程度上对高校的思想政治教育造成了一定的冲击。

首先，随着我国社会主义市场经济的深入发展，利益关系日益多样化，具体表现在两个方面。第一，随着经济的发展，个人成为市场的主体，过分追求利益最大化，容易出现享乐主义、拜金主义、重利轻义等错误观念，而这些观念也会影响到处在同一社会环境下的大学生的价值判断。若他们盲从于这些错误思想，则容易走向以自我为中心的极端，过于注重自我价值的实现和个人的发展，而忽视了集体观念、社会观念。第二，随着市场经济的发展，社会贫富差距进一步加大，其中家庭之间的贫富差距是最容易让大学生出现心理失衡的因素之一，冲击他们多年由主流教育而形成的人生观和价值观，为思想政治教育工作带来负面影响。

其次，西方发达国家利用经济全球化的优势地位，打着"人权""民主""自由"的旗帜，通过广告、电影、电视剧等形式对我国进行价值观渗透，容易影响大学生对社会主义制度优越性的认识。另外，随着改革开放的不断深

---

① 余欢欢，2019.应用型院校青年教师激励机制构建路径——基于双因素理论［J］.济南职业学院学报.

入，人们的价值取向开始趋于多元化。在多元文化的冲击下，有的大学生在面对一些事情的时候，分不清什么是对、什么是错，荣辱观念不清，使得个人道德出现滑坡。

2. 学校环境的不良因素带来的消极影响

在学校环境方面，校风、学风是影响高校思想政治教育环境的主要原因。"大学校风，是一所大学师生员工所共同具有的一种精神状态和行为风尚，具有稳定性和导向性。"所以，优良的校风对教育环境具有重要影响。近年来，高校的校风建设取得了一定的成效，但仍存在不足。在教师方面，受不良社会风气影响，部分教师的价值观发生了转变，过度追逐名利、过度追求个人利益，甚至不惜在学术上造假，不仅影响个人及学校声誉，也会对学生的价值观产生负面影响。在学生方面，受到市场经济的影响，部分大学生的价值观念发生了变化，他们更关注于眼前利益和个人利益，从功利的角度理解和衡量问题，如重视专业课或技能课而轻视思政课，甚至出现为就业而荒废学业的急功近利现象。

上述这些问题，一方面说明了当前高校思政课的教学改革任重而道远，另一方面则凸显了推进课程思政建设的必要性。

思想政治教育是落实立德树人根本任务的重要手段，思政课程和课程思政都是立德树人的重要形式。但两者并非同一概念。思政课程是特指思想政治理论教育的课程体系，而课程思政则是一种课程观和课程设置理念，是含有思想政治教育目标的教学体系，二者不存在取代与被取代关系。所以，课程思政所主张建立的体系，是各类课程既相互独立又相互统一的整体。其中，思想政治理论课是对大学生进行社会主义核心价值观教育中的核心课程，承担开展马克思主义理论教育教学的主要职责；综合素养类课程重在培养大学生人文与科学等方面素养过程中提升其综合素质；而专业教育课程则注重以专业技能知识为载体开展育人工作。各类课程相辅相成，突出知识传授与价值引领相结合、显性教育和隐性教育相融通，实现从"思政课程"到课程思政的创造性转化，形成"大思政"格局。

这样的转化也是基于高等教育和高校思想政治教育发展新形势的客观要求。首先，高等教育遵循教育规律，回归人本，以人才培养为核心，以立德树人为根本，形成促进学生德智体美劳全面发展和终身发展的育人制度。具体来说，就是让学生在学习专业知识的同时，多方面接触各类话题，丰富知识，从业务能力和思想素质两方面为学生夯实基础，从而为培养国家所需人才做好准备。而要实现这一目标，则依赖于高校建立课程思政体系。

目前"高校思想政治育人合力仍有待加强、育人资源有待整合"，所以急需建立课程思政教学体系，以推动学科、课程以及专业教师参与思政教育的制度化和常态化，形成多位一体的高校思想政治教育的新模式。

二、课程思政存在的问题

近年来高校思想政治工作的改进创新，充分体现了党中央对大学生全面发展的重视和关心，同时，也对大学生思想政治教育和高校思想政治理论课教育教学提出了更高的要求。由此，上海教育领域围绕高校思想政治教育改革，创造性地提出课程思政这一概念，就是为大学生思想政治教育建设提出的一个宏伟蓝图、一个发展方向，构建出融思想政治理论课、通识课、专业课等多门类课程于一体的立体化课程体系。这就要求高校在加强思想政治教育中，抓住课程改革核心环节，结合学校和大学生特点，以社会主义核心价值观为核心内容，从育人的核心目标出发，树立课程思政建设理念，充分发挥课堂教学在育人中的主渠道、主阵地地位，实现知识传授与价值引领的有机统一，构建新形势下思想政治理论课程、综合素养课程、专业课程三位一体的高校思想政治教育课程体系。

但随着科技革命的到来，大学生的思想政治教育面临着大发展、大变革、大调整的重大机遇，同时也存在着一些问题，比如在教育理念上，不能正确认识知识传授与价值引领的关系；在教学方式上，高校思想政治教育与专业课程教学的"两张皮"现象未能根本改变；在队伍建设上，教师育德能力和育德意识有待提升；在管理机制上，推进思想政治教育的多学科合作机制有待进一步完善。这些都是课程思政建设所要面临的问题，所以，分析这些问题的根源是推动课程思政体系建设的起点。

（一）课程思政建设理念有待落实

课程思政建设仍处于探索阶段，课程育人理念也还未深入人心。在学习过程中，学生面对多方面的发展需要，容易忽略自身的思想政治学习；面临社会思潮的多元化碰撞，学生容易受到非主流舆论和形形色色价值观的影响，削弱了其政治认同、价值认同，给课程思政的发展带来一些挑战。

（二）课程思政教学方法有待提升

在学科建设中，高校思政课程边缘化、孤岛化现象较为明显，课程教学与思政教育脱节，专业课程注重专业知识的教授而忽视德育发展情况；在教学队伍建设上，部分教师在课程改革手段与社会资源整合方面能力欠缺，或是一味地强制灌输，思政教学能力有待加强；在教学方法上，不同专业背景下的课程思政教学设计比较单一，针对性和实效性不强，忽视学生情感体验和能力培养，导致教育效果事倍功半。

（三）课程思政建设的体制机制有待进一步健全和完善

目前，高校的管理体制和机制与推进课程思政建设还存在诸多不适应和脱节之处，有待进一步健全和完善。如，在教师层面，不论是专业课老师还是思政课老师，常常因课程学时短、任务重而忽略思想政治教育工作，部分教师在课时安排和评职定级等方面无法得到公平、合理的待遇，也有部分教师对开展课程思政建设缺少主动性，制约了工作合力的形成；在管理层面，资源配置、职能分配比较分散，导致部门、学院以及学科之间联系不够紧密，工作重复、效率低下。

第三节 课程思政与日语教学的原则

语言是文化的载体，培养学生的知识技能和跨文化交际思维是日语教学的主要目标。日语专业作为哲学社会科学学科的重要组成部分，所属国家的历史、社会、政治、文化与我国不同，与汉语之间的关系和渊源也不尽相同，但是由于日语的对外传播功能，在信息交互的同时还完成了文化思想的交流，其中包括日本文化的吸收和中国传统文化的自我认同与传播。课程思政的主要功能之一就是社会主义核心价值观的爱国主义教育，因此，日语课堂教学尤其适合进行思政教育。

一、什么是教学的原则

教学原则是根据教育教学目的、反映教学规律而制定的指导教学工作的基本要求。它既包括教师的教，也包括学生的学，应贯彻于教学过程的各个方面和始终，反映了人们对教学活动本质性特点和内在规律性的认识，是指导教学工作有效进行的指导性原理和行为准则。一般地说，教学活动越是能够符合教学原则，教学活动就越是容易成功；反之，教学活动越是背离教学原则的要求，教学活动失败的可能性就越大。由于教学活动是在不断发展的，并且教学模式多种多样，不同的教学模式需要不同的教学原则与之相适应，因而教学原则也处在不断变化与发展之中。

二、教学原则的意义和作用

第一点，教学原则对教学活动的顺利有效进行有着指导上和调节上的意义。它能够为教师提供积极有效的开展教学活动的依据。

第二点，教学原则在一定程度上决定了教学内容、教学方法与手段、教学组织形式的选择。巴拉诺夫指出："教学论原则决定教学方法。选择教学方法和论证其效果有赖于作为这些方法基础的教学论原则。教学论原则体系，就是对学习和掌握教材的基本途径的总的说明。"

第三点，科学的教学原则在教学实践中的灵活有效运用，对有效顺利开展教学活动、提高教学活动的质量和效率都会有着积极的作用。

三、普通教学原则体系

教学原则是在总结教学实践经验的基础上制定出来的。由于教学目的和教学实践面临的课题不同、教育家的哲学观点和对教学过程规律的认识不同，所制定的教学原则也有所不同，因而古今中外教育著作中提出的教学原则的名称、数目、内容和体系纷繁不一。例如：夸美纽斯依据感觉论的认识论和当时发展起来的一些自然科学知识来论证他的教学原则；第斯多惠是从学生、教材、教学条件和教师等方面提出他的"教学规则"的；苏联教育心理学家赞科夫从教学促进学生一般发展着眼，提出了高难度、高速度、理论知识起主导作用、使学生理解学习过程、使全班学生包括差生都得到发展等教学原则；美国著名教育心理学家 J. S. 布鲁纳依据认知派的结构主义心理学，提出动机原则、结构原则、程序原则、反馈原则等。归纳起来，当代教育科学主要提出了以下教学原则。

（一）教学整体性原则

包含着两重含义：一是教学所承担的任务具有整体性，教学任务的完成应是完整的、全面的，不能有任何方面的偏废；二是指教学活动的本身具有整体性，教学是由一系列教学要素构成的一个完整系统。

（二）启发创造原则

这是指教师在教学活动中要最大限度地调动学生学习的积极性和自觉性，激发他们的创造性思维，从而使学生在融会贯通地掌握知识的同时，充分发展自己的创造性能力与创造性人格。

（三）理论联系实际原则

这是指教学活动必须坚持理论与实际的结合和统一，用理论分析实际，用实际验证理论，使学生从理论和实际的结合中理解、掌握知识，并在这个结合的过程中学会运用知识。

（四）有序性原则

这是指教学工作要结合学科的逻辑结构和学生的身心发展情况，有次序、有步骤地开展和进行，以期使学生有效地掌握系统的科学知识，同时有效地促进学生身心的健康发展。

（五）师生协同原则

这是指在教学活动中，教师在充分发挥自身作用的同时，还要充分调动学生的积极性和主动性，使教学过程真正处于师生协同活动、相互促进的状态之中。其实质就是要处理好教师与学生的关系、教与学的关系。

（六）因材施教原则

因材施教原则要求教师在教学活动中，从学生的实际出发，根据不同教学对象的具体情况，采取不同的方式和方法，进行差异性的教育，使每个学生都能在各自原有的基础上得到充分的、最好的发展。

（七）积累与熟练原则

这是指教学活动应该使学生在理解的基础上，获得广博、深厚和牢固的基础知识、基本技能，形成良好的个性品质，进而使他们对知识、技能的掌握能够达到熟练和运用自如的程度。

（八）反馈调节原则

这是指在教学活动中，教师与学生从教和学的活动中及时获得反馈信息，以便及时了解教与学的情况，并能够及时有效地调节和控制教学活动，达到提高教学效率和教学质量的目的。

（九）教学最优化原则

这是指教学活动中，要针对对教学效果起制约作用的各种因素，进行综合调控，实施最优的教学，取得最优的教学效果。

四、日语教学原则体系

关于外语教学原则，教学界观点不一，有的主张交际性或实践性为唯一原则；有的主张交际性和考虑母语两个原则；有的主张交际性、考虑母语和语言国情三原则；有的主张交际性、四会并举、阶段侧重、语言综合教学、考虑母语原则；还有主张在上述原则的基础上增加学生为中心的原则。

日语教学原则是日语教学规律的反映，是在一定的教学原理指导下对学生掌握语言知识和语言技能的基本路子、途径的总说明。不同的外语教学法流派的理论根据不同，对外语教学规律的认识不同，对反映教学规律的教学原则的认识也不一致。日语教学首先要遵循教学一般原则，还要根据语言学、心理学、教育学、生理学、系统论等科学的最新研究成果，吸取各教学法流派的优点，制定适合我国日语教学的基本原则。

21 世纪教育的终极目标就是培养全面、和谐发展的人才。日语教学也肩负着这个使命。人的发展包括内因和外因两个因素。内因是指个体身心内部的发展要素，主要有两个方面：一是遗传素质；二是人的主观能动性。遗传素质是生物因素，是人发展的物质基础和前提条件。遗传素质的成熟程度，制约着人的身心发展过程和阶段。主观能动性属于心理范畴，人的主观能动性的性质、方向和水平都离不开教育的培养和塑造。人发展的外因是指影响个体发展的一切外部客观条件，它包括自然条件和社会条件，在外语教学中我们通常称之为语言教学环境。人发展的内因和外因是通过实践活动和教育活动实现和谐统一的。人的发展是教育的宏观目标。外语教学的具体目标是掌握语言知识、培养语言技能。这一目标，必须通过教师的教学实践和学生的语言实践来完成。日语教学原则必须遵循教育方针，符合教学规律和语言学习规律，为完成语言教学的根本任务服务。从这个意义上讲，可把日语教学原则体系归纳如下。

（一）以提高学生综合素质为目标的原则

人的素质是指人所具有的从事某种活动的生理、心理条件或身心发展水平，其中包括人的先天禀赋和被内化了的后天教育、影响诸因素。人的素质可分为个体素质（个人素质）和群体素质（如民族素质等）。就个体的人来说，其素质又有生理素质（身体的）和心理素质等诸项。其中心理素质既包括知觉、记忆、想象、思维、情绪、情感等与生俱来的心理特质，也包括被内化的属于文化范畴的政治的、思想的、道德的等社会性心理内容。

日语教学除了使学生掌握日语知识和技能外，还要通过日语课内外的学习提高文化修养，受到思想教育、道德教育、人生观价值观的教育，同时还要开启学生智力、培养学生能力，把日语教学与人的全面发展这一教育教养任务有机结合起来。

提高学生的综合素质，对教师有如下要求。

第一，认真钻研教材，综合地、灵活地运用教材。日语教学中思想教育的源泉是教科书中的课文。任何一篇课文都要表达一定的思想内容。提炼文章的思想内涵，既可以对学生进行跨文化教育，陶冶其情操和品格，也可以针对语篇（字、词、句）教学内容开展综合性训练，促进学生熟练掌握运用新知识、把握语言文化内涵。因此，思想性内容的教学与语篇教学并不矛盾，而是互为依存、互为促进的。

第二，在教学过程中要注重挖掘学生的智力潜能，发展学生的智力水平。外语学习的智力要素主要包括语言感知能力、观察力、记忆力、联想力、逻辑思维能力、创造力以及学生的自学能力。

第三，在教学活动中要注重对学生外语能力要素的培养。外语能力要素包括听解能力、会话能力、阅读能力、写作能力，也有学者把翻译能力也纳入外语能力要素范畴。

（二）有效激发学生学习动机的原则

"有领导的认识"是教学活动的特点之一。没有教师的主导作用，学生是难以自行掌握陌生的语言文化知识和技能的。教师对于教学任务能否完成和教学效果的优劣都负有主要责任。然而，学生才是教学活动的主体。在日语教学中，教师的主导作用首先在于激发学生的求知欲和学习兴趣，建立积极的日语学习动机，使他们能够自觉主动地学习。离开了这一点，学生对于语言知识和技能的真正掌握、语言能力的提高都是不可能的。

学习动机是推动学生进行学习活动的内在原因，是激励、指引学生学习的强大动力。其心理因素包括：学习的需要（对学习的必要性的认识及信念）、学习兴趣、爱好或习惯等。从事学习活动，除要有学习的需要外，还要有满足这种需要的学习目标。学习目标指引着学习的方向，因此可把它称为学习的诱因。学习目标与学生的需要一起，成为学习动机的重要构成因素。

1. 学习动机的培养

学生的学习动机可以通过教育教学过程加以培养。培养学生的学习动机对教师有如下要求。

（1）通过目标设立、奖惩机制、选择受关注的热点问题等激发、启发学生的学习自觉性。

（2）激发学生的好奇心与求知欲，帮助学生通过实践活动形成稳定的学习兴趣。

（3）根据阿特金森的成就动机理论，总是给学生提供难易度系数为 50% 的学习内容，因为这样的内容学生的学习动机最强。

（4）对于缺乏学习动机的学生，还可以利用其爱好诸如日本动漫、网络游戏等原有动机，通过必须掌握知识才能完成的影视欣赏或游戏任务造成动机的迁移，以形成学习的需要。

2. 学习动机的激发

当学生已经有了种种学习需要之后，为了使其维持、加强或进一步发展，还必须做好动机的激发工作。激发学生的学习动机，对教师有如下要求。

（1）采取启发式教学、讨论式教学、辩论式教学等新颖而生动的教学方法，激发学生参与语言实践活动的意识，提高其语言应用能力和水平。

（2）创设问题情境，启发学生积极思维。为此，教师要熟悉教材，掌握教材的结构，了解新旧知识之间的内在联系，还要了解学生已有的认知结构状态，使新的学习内容与学生当前发展水平构成一个适当的跨度。创设问题情境的方式可以多种多样，既可以用教师设问的方式提出，也可以用作业的方式提出；既可以从新旧教材的联系方面引入，也可以通过学生的日常经验引入。在教学结束时，可以创设问题情境。问题情境的创设应该贯穿整个教学过程的始终。

（3）控制动机水平。美国心理学家耶克斯和多德森认为，中等程度的动机激起水平最有利于学习效果的提高。

（4）创造轻松自由的课堂气氛，避免学生过度紧张和焦虑。

（5）给予恰当评定。美国心理学家佩奇的研究结果表明：顺应性评语针对学生的个别差异，效果最好；特殊评语虽有激励作用，但由于未针对学生的个别特点，所以效果不如顺应性评语；无评语的成绩则明显低于前两者。

（6）适当开展学习竞赛，处理好竞争与合作的关系，建设合作型课堂结构。多伊奇（M. DeUtsch，1949）的目标结构理论认为，由于团体中对个人达到目标的奖励方式不同，导致在达到目标的过程中，个体之间相互作用的方式也不同。研究表明，个体相互作用的方式主要有相互对抗、相互促进和相互独立三种形式，与此相对应，也存在着三种现实的课堂目标结构：竞争型、合作型和个体化型。在竞争型目标结构（competitive goal structure）中，团体成员目标的之间具有对抗性。只有其他人达不到目标时，某一个体才有可能达到目标，取得成功；如果其他人成功了，则降低了某一个体成功的可能性。在这种情境中，个体重视取胜、成功有时更甚于公平、诚实，因此同伴之间的关系是对抗的、消极的。在合作型目标结构（cooperative goal structure）中，团体成员有着共同的目标，只有所有成员都达到目标时，某一个体才有可能达到目标，取得成功；如果团体中某一人达不到目标，则其他人也达不到目标。在这种情境中，个体会以一种既有利于自己成功也有利于同伴成功的方式活动，因此同伴之间的关系是相互促进的、积极的。在个体化型目标结构（individualistic goal structure）中，个体是否成功与团体中的其他成员是否达到目标无关，个体注重的是自己对学习的完成情况和自身的进步幅度。在这种情境中，个体寻求对自己有益的结果，而并不在意其他个体是否取得成功，因此同伴之间的关系是相互独立、互不干涉的。大量研究表明，三种课堂结构激发的是学生三种不同的动机系统。

（7）对学生进行评价时，奖励和惩罚对于学生动机的激发具有不同的作用。一般而言，表扬与奖励比批评与指责更能有效地激发学生的学习动机，因为前者能使学生获得成就感，增强自信心，而后者恰恰起到相反的作用。教师要针对不同对象把握有效的奖惩尺度，维护好学生的学习动机，促使学生努力。

激发学生学习动机的方式和手段多种多样。只要教师们有效地利用上述手段来调动学生学习的积极性，学生就有可能学得积极主动，并学有成效。

（三）教师指导和学生自觉学习相结合的原则

这一原则是为了将教学活动中教师的教学过程主导作用和学生学习行为的主体地位统一起来而提出的。

教学活动中，到底应该以教师为中心还是应该以学生为中心，一直是教育史上重大的争论问题。如赫尔巴特所强调的"教师的权威"主张"教师主体"；杜威提出的"儿童中心论"主张"学生主体"。有学者采取折中的态度，提出"教师学生双主体论"。虽然在具体教学活动中，一节课内可以是一段时间教师为主体、一段时间学生为主体，但是后者这个主体是指活动行为的主体，不是教学过程总设计、总指导意义上的主体，"双主体"的观点只针对行为本身，不代表教育思想；此外，在一个课堂上也不可能同时出现两个活动主体，所以我们可以忽略这种折中的主张。

就教育过程的本质和教师的作用来说，在整个教育教学过程中，教师应处于主导地位。因为：第一，教师是教育方针、教育计划的贯彻执行者，教师主导着学生的发展方向和质量；第二，教育本身是有目的、有计划的育人过程，人的发展是在教育过程中靠教育者有组织、有计划地系统实现的，任何教学大纲、教学计划和教科书都取代不了教师在培养人方面所起的作用；第三，教师受过专门训练，具有扎实的专业知识和教学经验，懂得教育规律，掌握教学方法。因此，学生的学习只有在教师的指导下才能在短时间内取得最佳效果。

但是，我们也应该看到，教育过程是师生的双边活动，必然离不开学生的积极主动参与。调动学生的积极性与主动性，不仅是教师主导作用的内涵之一，也是衡量教师主导作用发挥程度的重要标志。因此，就教育过程的总体来说，在教与学这两个主体的关系上，教师是主导的。

学生是学习的主体。在教育过程中，学生是学习任务的主要承担者。相对于学习内容而言，学生是学习的主人，与学生主体相对应的是学习的客体，它不仅包括教师所施加的一切教育影响，也包括教师本身。因此，认识到学生的主体地位，可以提示教师在教的过程中想到学生的学，并自觉调动学生的学习积极性和主动性。在教育过程中，学生具有主体和客体的双重属性。

承认学生的客体地位是教师发挥主导作用的前提，明确学生的主体地位是提高教育活动效果的关键与根本。在教学中要充分调动学生学习的自觉积极性，使学生能够主动地学习，以达到对所学知识的理解和掌握。教师指导和学生自觉学习相结合的原则对教师有以下基本要求。

1. 激发学生的积极思维

教师的启发应当能够激起学生紧张、活泼的智力活动，从而使学生深刻地理解、掌握知识，获得多方面的体验和发展。因此，启发应当选择那些具有一定难度、需要学生进行比较复杂的思维活动，但又是他们通过自觉积极的思考能够得到基本正确结果的问题来进行。简单的事实和记忆性的知识，即使顺利地"启发"出结果，价值也是有限的。

2. 确立学生的主体地位

学生是学习的主人，教师的启发只有在切合学生实际时才可能避免盲目性，只有承认学生的主体地位，真正研究和了解学生的学习需要，教师的启发才可能是有针对性的和有效的。

3. 建立民主、平等的师生关系

在权威式的师生关系中，教师是凌驾于学生之上的真理代言人和学术权威，学生很难真正做到自由地、充分地提问和思考。只有当学生真正感受到教师将自己当作人格上与之完全平等的人，他们的学习自觉性才可能真正地调动起来。

4. 教师要面向每一个学生，充分了解学生

现代教育强调，不能够要求学生适应教育，而是要使教育适应学生。除学习成绩以外，学生的个性特征的各个方面、家庭背景、生活经历等，都是教师因材施教所需要了解的。

5. 尊重学生的差异

学生的差异不仅是客观存在的，而且是合理的。在日语教学中，各阶段的课程目标都包括一级目标、二级目标，在达到各目标要求的基础上，教师应当允许学生存在不同方面、不同水平的差异，并且针对每一个学生的具体条件帮助其获得最适宜的个性发展，而不是去普遍地增加难度和深度。良好教育的结果是培养出大批个性充分发展的人，而不是千人一面的"标准件"。

（四）创设各种形式的语言学习环境的原则

在中国开展日语教学活动的特点之一在于：学生在教学中是以学习书本知识为主。生活中的语言是鲜活的，有时候语言规则也不能完全解答现实中所使用的语言现象，更何况日语与学生的生活和他们自己的个人经验存在相当的差距，有些甚至是完全陌生的。而人的认识总是从感性上升到理性，从具体过渡到抽象，如果完全没有感性认识和具体形象做基础和支撑，是不可能真正掌握语言概念和文化背景知识的。由于书本知识与学生之间客观存在的距离，学生们在学习和理解的过程中必然会遇到各种各样的困难和障碍，创设多种形式的语言环境和语言学习环境，对学生的成长有重要意义。

1. 创设语境的主要措施

（1）实物直观。实物直观是通过实物进行的，即直接将对象呈现在学生面前。在跨文化学习平时生活中比较生疏的内容时，实物直观能够最为真实有效和充分地为学生提供理解、掌握所必需的感性经验。

（2）模像直观。模像是运用各种手段对实物的模拟，包括图片、图表、模型、幻灯、录音、录像、电影、电视等。实物直观虽然具有真实有效的特点，但往往由于受到实际条件的限制而无法使用，而模像直观则能够有效地弥补实物直观的缺憾。特别是现代技术在教育领域的应用，使得模像直观的范围更加广阔，无论是历史还是现实，都能够借助某种技术手段达到直观的效果。

（3）语言直观。语言直观是教师运用自己的语言，借助学生已有的知识经验进行比喻描述，引起学生的感性认识，达到直观的效果。与前两种直观相比，语言直观可以最大限度地摆脱时间、空间、物质条件的限制，是最为便利和最为经济的。语言直观的运用效果主要取决于教师本人的素质和修养。

（4）完善教学条件设施。在科学技术高度发达的当代，日语教学外部环境已经达到一个相当的水平，日语教学所需要的图书情报资料、影像设备、网络媒体资源为创设语言学习环境提供了可能。

2. 创设良好语境对教师的基本要求

（1）恰当地选择直观手段。教学课程内容、目标不同，教学任务不同，学生年龄特征不同，所需要的直观手段也不同。

（2）直观是手段而不是目的。一般地说，在学生对教学内容比较生疏、在理解和掌握上遇到困难或障碍时，才需要教师运用直观手段。为直观而直观，只能导致教学效率的降低。

（3）在直观的基础上提高学生的认识。直观给予学生的是感性经验，而教学的根本任务在于让学生掌握理论知识，因此教师应当在运用直观手段时注意指导，比如通过提问和解释鼓励学生细致深入地观察，启发学生区分主次轻重，引导学生思考现象和本质及原因和结果等。

（4）合理选择教学优质资源。应用最有利于学生理解、掌握教学内容的教学技术手段和教学方法，不走形式，不浪费宝贵的课堂教学时间。

（五）处理好汉语和日语关系的原则

根据对母语态度的不同，外语教学法分为翻译法和直接法。翻译法充分发挥母语在外语学习过程中的作用；直接法在外语学习过程中完全排斥母语。在日语教学过程中，如何处理好作为母语的汉语和日语的关系，直接影响教学方法的选择和教学效果。

语言是约定俗成的，具有民族性和科学性。在语言学上，日语和汉语属于不同语系。汉语属于汉藏语系分析语，有声调。汉语的文字系统——汉字是一种意音文字，表意的同时也具备一定的表音功能。而日语属于粘着语，通过在词语上粘贴语法成分来构成句子，称为活用，其间的结合并不紧密，不改变原来词汇的含义，只表示语法功能。日语的语言系属有争议，有人认为可划入阿尔泰语系，也有学者认为是扶余语系、南岛语系，也有日本学者认为是孤立语言（有些日本学者继而提出韩日-琉球语族的概念）或日本语系。因此，汉语和日语都属独立的语言，截然不同。但是，从另一方面看，中日两国的交流源远流长，日语的文字起源于汉语的偏旁部首和草书体，日语的许多词汇来源于汉语，汉语和日语在语音、语调、词汇、品词概念、句子结构等方面都有相同或相似之处。按照外语教学重在培养学习者外语思维能力的观点，日语教学要尽量克服母语的干扰，但是，有这样多一致性的两种语言对于外语学习者来说，既有正面的影响，也有负面的作用。这就需要切实处理好母语与日语的关系。

在日语教学过程中切实有效处理好母语与日语的关系，对于教师有一些基本要求。

1. 有效利用汉语的正迁移作用

语言迁移是指母语的影响进入第二语言的习得，包括语言上的影响，如语音、语汇、语法、语义等方面的影响，以及语言之外因素的影响，如思维模式、文化传统、社会历史等方面的影响。认知主义学派的注意力主要投向迁移的制约性因素，以及迁移的认知准则研究。所谓迁移的制约性因素研究就是研究由哪些因素制约迁移的发生和隐退。Ellis（2000）列出了制约迁移的 6 个因素：语言的不同层面，如音系、词汇、语法、语篇等；社会因素，如不同的交际对象与学习环境的影响；标记性，如某些语言特征的特殊性；原型概念，如某个词的某一含义与其他意义相比在多大程度上被认为是核心的、基础的；语言距离和心理语言类型，如学习者对一语和二语之间距离的心理感受；发展因素，如对中介语发展的自然过程的限制。Odlin（1989）在《语言迁移》一书中给语言迁移下了简明而精确的定义：迁移是指目标语和其他任何已经习得的（或没有完全习得的）语言之间的共性和差异所造成的影响。根据他的定义，迁移不仅仅是传统的迁移研究中所指的来自学习者母语的影响，还可以指学习者已经习得的任何其他语言的知识对于新语言习得的影响。

中国的日语学习者在日语学习过程中，首先要解决的是母语汉语的语言迁移问题。

日语与汉语在历史上有过几个相互吸收的阶段。日本在绳文时代是没有文字的。3世纪，汉语传入日本，主要为一部分识字阶层所习用。后来，随着中国文化制度和思想学说的传入，汉语才逐渐深入融合到一般人所使用的日语中去。很多日语单词的读音也是由当时传入日本的汉语单词的发音演化来的。到了飞鸟平安时代（公元600年前后），受到隋、唐文化的影响，借用汉字的某些偏旁部首以及草书体汉字，日本创造了片假名和平假名，使日语有了完整的标记体系。日语中的汉字最少有三种读音，多的有十几种，音读（就是模仿古汉语的发音）有的是唐音、汉音，有的是唐宋音，训读有至少一种（日语固有的读音）。明治维新以后，日本学习西方文化，为翻译西方大量的人文、社会、自然科学的书籍，创造了大量汉字词汇，如"电信""铁道""哲学"等，同时赋予固有的汉字词汇以新义，如"文化"等。后来这些词汇也传入中国，使得日语对现代汉语的发展产生了一定影响。20世纪八九十年代之后，以动漫为主的日本文化风靡中国，又有很多新鲜词汇融入汉语，比如"亲子"等。同时，由于中国改革开放取得了成功，日本也越来越重视中国的情况，一些日语里没有的汉语新词汇也被照搬入日语，比如"晚婚""晚育"等。汉语和日语在历史上始终呈现出紧密的互动，这与两国政治、经济、文化等各方面的广泛交流是分不开的。日语教学过程中，这些互相融合的语言文化对中国的学习者来说，相对于欧美语言文字的学习者，是一种优势。特别是学习日语当中的汉字时，没有哪个国家的学习者能超过中国学习者。此外，同属于东方文化圈的中国和日本，在价值观、传统思想方面有着共源的特点。例如，中国和日本都崇尚"和为贵""仁礼孝"等，文化差异性小，这就减少了中国的日语学习者跨文化学习的压力。有效利用汉语与日语在文化背景上的相似或相近的特点，促进汉语固有知识和经验在日语学习过程中的正迁移，是日语教师必须坚守的原则。

说到学习迁移，中国的学生在学习日语之前，许多人第一外语学习了英语。应该看到，这种东西方文化差异很大的语言学习，开拓了学习者跨文化学习的能力。日语近代以后大量引进西方文化，语言词汇中也有大量的外来语。在学习迁移中，教师也应该关注到英语学习对日语学习的迁移作用。

2. 努力克服母语的干扰

汉语与日语的相近性为中国的日语学习者带来便捷，也会带来困扰。首先，日语中虽然使用大量的汉字，但是有些日语汉字的语义已经与现代汉语的意义截然不同。例如厂外地「外地（がいら）」是"外国的土地"之意；「喧哗（けんか）」是"吵嘴、打架"之意；「娘（むすめ）」在日语中指"女儿"。还有些日本人自主简化了的汉字，与汉语相近却不相同。例如日语的「調査書」与汉语的"调查书"是完全不同的三个字。还有日语自主创造的汉字，如「辻（つじ）」（十字路口）。相近才会容易出错，母语的干扰此时有副作用。

其次，日语中的长短音、促音、浊音等发音是汉语中所没有的。汉语的语序是"主—谓—宾"结构，日语是"主—宾—谓"结构，谓语在句子末尾，对于习惯汉语表达方式的学习者来说，语言思维的转换是学习的最大困难。日语的句子成分在句子中的作用和地位是由助词来决定的，语序不决定语义，这些都与汉语有很大差异。学习者在对于语言规则的认识、掌握、熟练过程中，必然会受到母语的强烈干扰，所以，在初学者乃至于学习很长时间日语的学习者身上，总能发生"汉语式日语"的情况。此时，教师的指导就能发挥积极作用。

教学过程中，教师在排除母语干扰方面要选择好的材料，合理分配时间，安排好教学重点，精心设计练习体系，教授时需要"提点学生"，不必要展开分析，不能在有限的课堂教学时间内全力专注于区分汉语、日语，要引导学生有目的、有计划地克服母语的干扰。

3. 把握母语使用原则

一般外语学习者之所以能在有限范围内使用外语思维，并不是因为从学习初始就排斥母语，而是反复操练和反复使用外语进行真实交际的结果。学生学习和使用日语必然要经历两个阶段：一是日汉、汉日的翻译过程，这是学习的初级阶段；二是完全用日语思维，排除翻译的过程，这是学习的高级阶段。学生在掌握外语过程中，总要经历"从自觉到不自觉"的过程，也就是先借助母语作为外语与概念的中介来学习和使用外语，而后逐渐摒弃这个中介，在外语和概念之间建立起直接联系，这是使用外语的内部心理机制的一个质的变化。掌握外语的过程就是实现飞跃的过程。而要实现飞跃，关键在于反复实践。

学习者在控制使用母语翻译过程中，有积极和消极两种类型：自我调控能力强、能自觉训练排除母语翻译过程的学生，进步快，口语能力强，语速快，属于积极的类型；反之，是消极类型。为促进学生抛开母语中介，达成学习质的飞跃，教师要对学生进行有效指导，需要引导学生在听力、会话、阅读、写作过程中逐步养成"直读直解"的习惯，学会用日语思维。教师在课堂上尽量不说或者少说汉语。同时，直观释义法或者日语解读法都是有利于克服母语干扰、培养日语思维能力的有效教学方法。

在教学过程中，对待母语既要控制使用又要利用。翻译法只讲利用不讲限制，直接法只讲限制不讲利用，两者都具有片面性。我们说，用翻译法释义是最节省时间的授课手段，但是，它并不是最理想的手段。由于语言并不是一一对应的，翻译释义有时候很危险，容易引起学生片面理解词汇意义，造成语义误读。例如，「勘定（かんじょう）」有计算、估计、算账、账款、考虑、顾及等意义；「怪我（けが）」有受伤、负伤、过错、过失等意义。可以看出，一个词会产生多种意义，用许多的汉语词汇来翻译，只会带来记忆困难。所以，无论是从语言思维的培养角度还是从准确认知并正确运用语言的角度，都建议用日语授课。

那么何种情况下可以使用汉语翻译？可以参考如下情况：

第一，用日语或者直观法难以释义的词汇、成语、句子、语篇可以适当使用汉语翻译或解释，节省教学时间。

第二，作为检查学生对知识的掌握情况的手段，教师可以用翻译法。

第三，区分日语、汉语的语言规则和概念时，可以适当使用汉语。

第四，区分日语近义词意义时，可以适当使用汉语翻译。

（六）处理好语言知识教学和语言技能教学关系的原则

在语言学中，当语言和言语作为术语而对立使用时，语言指的是语音、语法、词汇系统；言语指的是用语言进行听、说、读、写等活动。语言是具有社会共性的，言语则是具有个人差异性的、具体的。在日语教学中，重视语言，就会以教授语言形式、结构规则为主，以分析讲授为教学模式，教学活动中心是教师，教学设计多为封闭的、固定的模式；重视言语，就会以语言实践为主，以学生为活动中心，根据语言话题、内容、语义、语境等的变化，教学设计多为开放的、弹性的模式。

日语知识的获得和能力的培养究竟是怎样达成的？听、说习惯习得理论认为，"语言是习惯的体系"，外语学习靠模仿记忆，反复操练，直到新的语言习惯形成。但是，它重视语言学习的条件反射训练，忽视人的主观能动性、逻辑思考能力和理论知识的作用，有其片面性。认知学习理论认为，语言学习是一种创造性的活动，要重视智力和掌握语言规则，但是它对语言技能的形成需要通过反复实践这一点认识不足。掌握一门语言，语言知识是基础，是言语能力形成的前提保障，言语技能是语言学习的最终目标，使学生能自如准确运用语言进行交际活动，是外语教学的根本目的和任务。日语教学必须要把语言知识学习和言语技能训练作为同等重要的任务来完成。

语言知识是有限的，词汇、语法是约定俗成的，有一定规律可循。选取难易度、知识内容都符合教学目标设计的教科书，设计合理的教学计划和课程计划，这样在教师的指导下，学生就能够达成掌握知识的目的。言语技能的培养则需要更长的时间。外语知识的掌握过程由 5 个认识活动的环节构成，即：教材的直观、教材的概括、教材的识记、教材的保持和教材的具体化。教材的直观和概括是由教师主导完成的，教材的识记、保持和具体化是学生的行为，必须通过反复训练、巩固记忆才能达到纯熟。所以，比较起知识的传授，教师在对学生进行听、说、读、写能力培养方面要付出更多的努力。

处理好语言知识教学和语言技能教学的关系，对于教师有一些基本要求。

1. 课堂教学要重视语言实践，精讲多练，以练为主

正确使用语言需要懂得概念和理论，但是教学过程中至关重要的与其说是传授语言知识、讲授语言理论，不如说是培养言语能力，让学生掌握语言使用方法。许多教学法专家提出课堂教学的讲练比例应该为 1∶5。教师的讲解是必需的，在讲授方面重在"精"：第一是精选语言材料；第二是精练地、精确地讲解语言。多练是对立于讲而提出的，多练不仅仅指练习量多、练习时间多，更重要的在于善练：第一是练习要科学化；第二是练习要有针对性、目的性；第三是练习要有助于培养听、说、写等语言交际能力；第四是练习要符合学生的外语学习心理过程。

2. 语言技能培养方面要"四会"并重、阶段侧重、全面提高

听、说、读、写既是教学目的，又是教学手段，无论从交际的角度还是从教学的角度来看，这四个方面都是一个整体，相互联系、相互制约、相互依存、相互促进。

听和说属于口语能力，读和写属于书面语能力。外语口语的学习过程是从听开始，学生通过听来模仿、记忆从而学会说，听为说提供了范例，创造了条件；会说的话是一定能听懂的，说可以提高听的准确性。读可以接触更多的语言材料，为写乃至于听、说能力提高都有促进作用；写能促进提高口语表达的逻辑性和语言表达的准确性。听和读是吸收语言材料的过程，说和写是表达思想的过程。日语教学要在广泛听和读的基础上进行说和写的训练，在说和写的活动中巩固听和读所获得的语言材料，要做到听、说、读、写四项基本技能并重，全面提高言语能力。

大脑生理学的实验表明，听、说、读、写各有各的生理机制，对某一种言语技能的训练必须要独立进行，不能相互替代。一般来说，在初级阶段的日语教学中，口语能力培养是主要任务，要侧重听、说能力的培养，以读和写的练习来巩固听、说训练中掌握的语言材料；中级阶段在继续发展口语能力的同时要加强读、写的训练；高级阶段读的训练成为首要任务，同时兼顾说的训练。

3. 语言知识教学方面要处理好课文教学和语音、词汇、语法教学的关系

语言体系内部包括语音、词汇、语法三个要素。语音是语言的外壳，词汇是语言的建筑材料，语法是一个个孤立的词汇的黏合剂，三者统一，才能使语言成为交际的工具。

外语教学大纲是把学生必须掌握的词汇和句型按照五十音图的顺序逐一列出，把语法项目归类列出。但是，教学大纲只能是教学纲要和指导，不能够代替教科书应用于教学过程中。教科书有别于教学大纲的重要一点就在于，教科书的设计还包括课文、练习，它把孤立的语言三要素按照一定计划，选择合适的语篇并按照一定顺序串联起来。因此，我们在教学中要依据这个体系，善于运用这个体系，发挥课文的知识内涵、思想内涵、练习体系的作用，达到掌握语言和运用语言的目的。所以，在处理语言要素的权重方面，我们首先要关注融合了语言三要素的课文。

课文教学规定了语法、词汇、语音知识的讲解范围和教学内容，按照初、中、高级阶段技能教学的不同侧重，课文教学在方法上可以发挥统筹、协调的作用。

课文教学不能全部解决语言规则的问题。如果不能有效地解决语音、词汇、语法的问题，课文的教学也无法进行。所以，对语言三要素的单项训练也不容忽视。有的教师在精读课教学上先讲生词，再讲语法，然后进入课文和练习；也有的教师以课文段落为单位，逐段讲解生词和新的语法。两种做法都有利弊。先讲新知识就会略讲课文，语言的练习会集中在一个个知识点上，对掌握新知识有益，但结合课文进行综合训练会有所不足；逐段讲解新知识点，会以本课要解决的问题为核心，但不利于新知识点的系统化和单独训练。教学过程中无论采取哪种做法，如果能够做好教学设计，有意识规避这些弊端，就能够保证教学方法的合理性和科学性。

建议根据日语不同教学阶段，采取不同的教学模式：初级阶段重在听、说，对学习者来说，新知识多，语法规则入门较难，所以要以先讲知识后讲课文为主，无论是语言知识教学还是课文教学都要贯彻听、说领先，以练为主的方针；高级阶段重在阅读，新的语法规则减少，词汇量增大，词汇学习属于机械记忆的内容多，可以安排课前预习来解决，此时可以围绕课文开展教学。

还应该明确的是，在课文内的语言知识是零散的、不系统的，缺乏规律性的。对语言知识进行归纳整合，使知识系统化，有助于学生建立起学科知识结构，宏观把握知识。

4. 课堂内外都要关注知识的巩固和应用

教学活动是不间断、连续进行的。学生要不断学习、记忆新知识，而人的记忆和遗忘是同一事物的两个方面，在学习新知识的同时必然会产生对旧知识的遗忘，因此在教学中需要不断进行巩固工作，通过练习、复习帮助学生牢固地掌握所学知识。巩固的意义不仅在于强化旧知识，也有助于学习新知识，因为知识是有内在联系的，旧知识是新知识的基础。

在教学中贯彻这一原则，对于教师有以下基本要求。

（1）在理解的基础上巩固。对于所学知识的理解是巩固的前提。教师首先应当保证学生学懂、学会，才有可能获得巩固的良好效果。

（2）保证巩固方式的科学性。心理学研究揭示了关于记忆和遗忘的一些规律，按照这些规律组织安排，可以提高巩固的效率。教师应当熟悉并且善于运用这些规律。

（3）巩固的具体方式要多样化。除了常见的各种书面作业外，教师应当善于利用各种不同的方式帮助学生巩固所学知识，比如调查、制作、实践等，都能够使学生通过将知识运用于实际有效地达到巩固的目的，并且能够促进学生多方面的发展。

（4）保证学生的身心健康。并不是作业越多巩固的效果越好。能否合理地安排巩固性复习是考验教师教学能力的一个重要指标。

（5）恰当地把握教学难度。什么样的程度和水平最符合量力性的要求，很难有固定、确切的具体标准，需要根据心理学揭示的普遍规律和对学生的具体研究，由教师自己来把握，这是教师劳动创造性的体现，是需要教师不断思考、不断解决的问题。

（七）教学评价要促进教学质量的原则

教学评价是依据教学目标对教学过程及结果进行价值判断并为教学决策服务的活动。教学评价是研究教师的教和学生的学的价值的过程。教学评价一般包括对教学过程中教师、学生、教学内容、教学方法手段、教学环境、教学管理诸因素的评价，但主要是对学生学习效果的评价和教师教学工作过程的评价。教学评价的两个核心环节是：对教师教学工作（教学设计、组织、实施等）的评价，即教师教学评估（课堂、课外）；对学生学习效果的评价，即考试与测验。教学评价主要有量化评价和质性评价。对教师实施教学评价的主体主要包括教育管理部门的负责人（包括督导）、同行、学生；对学生实施评价的主要是教师和各级各类教育管理部门。教学评价的方法包括测验、征答、观察提问、作业检查、听课和评课等。教学评价的作用主要在于以下方面。

1. 诊断作用

对教学效果进行评价，可以了解教学各方面的情况，从而判断其质量、水平、成效和缺陷。全面客观的评价工作不仅能估计学生的成绩在多大程度上实现了教学目标，而且能解释成绩不良的原因，并找出主要因素。

2. 激励作用

评价对教师、对学生具有监督和强化作用。通过评价反映出教师的教学效果和学生的学习成绩。经验和研究都表明，在一定的限度内，经常进行记录成绩的测验对学生的学习动机具有很大的激发作用，可以有效地推动课堂学习。

3. 调节作用

评价发出的信息可以使师生知道自己的教和学的情况，教师和学生可以根据反馈信息修订计划，调整教学的行为，从而有效地工作以达到所规定的目标。

4. 教学作用

评价本身也是一种教学活动。在这个活动中，学生的知识、技能将获得长进，智力和品德也将有所发展。

日语教学法讨论教学评价的原则，主要是从教师评价学生的角度出发。对于教师有以下基本要求。

（1）明确多次评价的目的和评价对象，以解决评价的方向性问题。

（2）明确每次评价的内容和具体目标。

（3）明确评价所需的条件。

（4）对评价资料进行客观、科学的判断。

(八)重视跨文化交际能力培养的原则

外语教学的主要目的是培养学生的交际能力，而交际能力主要是由语言能力和社交能力构成。交际是通过言语和非言语行为来实现的，不了解对象国的文化不可能真正具备跨文化交际能力。交际行为受使用者的文化制约，同时也是其文化的载体。在日语教学中，对跨文化交际能力的培养应着重研究干扰交际的文化因素。这些因素包括语言手段、非语言手段、社交准则、社会组织、价值观念等。语言手段包括词语的文化内涵、篇章结构、逻辑思维以及翻译等值等方面。非语言手段指手势、身势、服饰、音调高低、微笑、沉默、对时间与空间的不同观念等。社交准则泛指人们交往中必须遵循的各种规则以及某些风俗习惯。社会组织指家庭中各成员的关系、同事朋友关系、上下级关系等。价值观念包括人与自然的关系、宗教观念、道德标准以及人生观、世界观等。

1. 重视跨文化交际能力培养的主要作用

（1）了解不同文化的交际功能模式，能使学生进一步意识到不同文化背景下的人们惯用的言行交际方式。

（2）了解不同的文化行为及其功能，以增强学生对不同文化背景的人们的通常行为的了解，并把它们与受自身文化影响的行为联系起来。

（3）了解不同文化背景的人们的人生观、价值观、世界观及道德标准，能增强学生对自身文化的意识以及对不同文化、不同道德标准的人们的理解。

（4）了解不同文化背景的人们的日常生活模式和言语及非言语行为方式，重点是人们日常生活中的常见行为，能帮助学生了解具体情境的行为原则。

2. 重视跨文化交际能力培养原则

对教师的基本要求如下：

（1）明确跨文化能力培养的主要任务。培养学生对"人们的行为都会受到文化的影响"的理解力；培养学生对"社会会受到诸如年龄、性别、社会阶层、居住地等影响人们言行方式的因素的影响而变化"的理解力；增强学生对一般情况下日本文化中常规行为的意识；增强学生对日语中的词和短语的文化内涵的意识；培养学生用实例对日本文化进行评价和完善的能力；培养学生获取日本文化信息并对其进行加工整理的能力；激发学生对日本文化的求知欲并鼓励学生体验日本文化。

（2）掌握跨文化能力培养的基本方法。如对比法、交际法、演示法、实物以及图片参照法、讨论法等。

（3）注重行为文化的导入。要把语言习得和文化习得有机结合起来，使学生通过学习获得语言能力、言语能力和交际能力。

任何一个教学原则的确定都要符合教育现代化的目标。教育现代化的内在特征表现为教育民主化和教育主体性。教育民主化包括受教育的机会均等——不仅是指入学机会均等和获得知识方面的均等，还包括充分发挥每一个个体的内在潜力以获得本领方面的均等；均等地改变所有教师和学生的学习、工作和生活条件；师生关系的民主平等，等等。教育主体性有两层含义：一是尊重学生个体的主体性，让学生主动、自由地负责；二是尊重教育的自主权，尊重教育的相对独立性，打破模式化教育，用多样化教育造就富于个性的一代新人。

五、课程思政与日本文化

日语专业课程在专业技能知识传授的同时注重文化意识的培养，挖掘专业课程中蕴含的思政教育资源，特别是文化资源，如日语泛读、日本概况、日语会话、商务日语课程的教学内容涉及很多文化内容，包括中日文化比较、中日文化的相互影响等，充分利用这些文化教学资源能为实现课程思政提供得天独厚的条件，在学习日本文化的同时反观中国传统文化的优势，以文化促进语言的认知与学习。用熟知的中国文化解读目标语的语言和文化现象，有助于获取新知，实现外语专业课堂中思政教育的融合与渗透。日本是一个具有包容性的国家，擅于汲取东西方国家所长，创造出独具特色的日本文化，其文化特点具有东方性、融合性和创新性。以日本节日为例，有春分和秋分，分别表示欢庆春天的播种和秋天的丰收，这两个节日反映了日本传统的农作社会习俗。春分和秋分在我国是二十四节气中的两个节气，是太阳直射赤道的日子，春分表示春天的开始，秋分表示秋天的开始。日本节日中的春分和秋分就是从我国传入的，这样的例子比比皆是，说明了我国文化对日本文化的深远影响，我国传统文化强大的渗透力、传播力和影响力，有利于增强文化自觉，坚定文化自信。中日两国有深厚的历史渊源，文化交流源远流长，了解这些内容，学生将进一步提升爱国主义情怀，从而实现课程思政的教育目的。

六、课程思政与翻译课程资源

日汉翻译是高年级专业主干课程之一，以培养复合型、应用型日语人才为目的，提高学生的语言综合运用能力和社会实践技能。教学内容除理论知识和翻译技巧外，更重要的是翻译实践训练，因此，训练内容的选材至关重要。修刚指出：中共十九大政治文献的翻译实践是中译日翻译实践的最鲜活的素材，其研究也是建立中译日对外宣传、发出中国声音的最好课题。结合课程思政理念，将中共十九大报告等国家外宣文献作为翻译课程资源，从语言学包括语法、语义的运用，到翻译策略和技巧的掌握；从修辞手法与文学、写作风格的关系介绍，到理论逻辑的推理与分析，做到翻译理论与教学实践相结合，专业技能知识与爱国主义教育相结合。上海外国语大学学生吴浩说："学习语言的过程也是学习中国特色社会主义理论的过程，我阅读和倾听了国家领导人在世界发出的声音，了解到当前国家治国理政的大方略，不仅具有丰富的知识含量，而且给人以信仰和力量。"大学生是新时代国家建设的栋梁，通过中共十九大报告等国家外宣文献资料的学习，能够提高国家文化软实力，增加民族凝聚力，培养国民创造力，铸就中华民族伟大复兴的中国梦。

张健认为：外宣翻译是翻译的一种特殊形式，旨在全球化背景下以让世界了解中国为目的，以汉语为信息源，以英语等外国语为信息载体，以各种媒体为渠道，以外国民众（包括境内的各类外籍人士）为对象的交际活动。外宣工作的日文翻译就要考虑日本人的思维方式和文化习俗，符合日语的语言表达方式和信息接受度。以"建设美丽中国"中的"美丽中国"为例，是翻译成"美しい中国"还是"綺麗な中国"是我们需要考虑和选择的问题。由于日本政府经常用"美しい日本"一词作为日本的建设目标，因此用"美しい"作定语修饰国家比"綺麗"更符合日本人的语言习惯和思维方式，更易被日本人接受和理解，从而提高传播效果，实现跨文化交际的目的。通过外宣资料的日文翻译教学实践，教师引导学生运用跨文化的思维，在充分了解两国文化异同的基础上，以传播中国优秀传统文化为目的，以接纳和学习异国文化为己任，实现两国文化的交互与融合。

第四节　日语教学的目标

一、日语教学的内容目标

（一）义务教育阶段日语教学的内容目标*

按照义务教育阶段日语课程总目标的分级要求，中华人民共和国教育部2011年颁布的初中日语课程标准中，从语言知识、语言技能、文化素养、情感态度和学习策略五个方面提出具体的内容标准。其中，对语言技能分为一、二、三级标准，以体现学生语言技能发展的渐进性；对语言知识，文化素养、情感态度和学习策略提出一至三级标准，以体现教学内容的灵活性，便于操作。

1. 语言知识教学的内容目标

语音教学的内容包括：能熟练背诵50音图，认读并按照声调符号正确读出所有用假名书写的词语；初步了解日语音拍的特点和句子的基本语调；能用接近正常的语速和比较标准的语音、语调朗读课文，进行简单的会话。

词汇教学的内容包括：初步了解日语词汇的音读和训读；掌握约800个常用词的基本词义和用法。

语法教学的内容包括：了解日语在语序和句子结构上的特点、主要词类的基本功能和常用助词的基本用法；初步掌握用语言基本活用形式，理解其语法功能。

2. 言语技能教学的内容目标

言语技能教学对听、说、读、写四项技能共分三个层级提出内容目标。一级为低级目标，三级为高级目标。

听的一级目标为：能听懂简单的授课；能听懂课堂活动中简单的指令并作出适当反应；能听懂语速慢、程度相当的话语或录音材料；能在非语言提示（如图片、手势等）的帮助下，听懂有个别生词的语段。二级目标为：能听懂基本的课堂提问；能听懂课堂活动中的指令并作出适当反应；能听懂语速较慢、自己所熟悉话题的语段；能借助提示听懂语速较慢、有个别生词的短小故事。三级目标为：能听懂一般的课堂提问；能听懂接近正常语速、话题熟悉的语段；能听懂连续的指令并根据要求完成任务；能通过语境和非语言提示推测

---

* 本部分内容参照国家课程标准——《义务教育日语课程标准》。

生词的意思，把握语段的主题，获取主要信息。

说的一级目标为：能根据实物、图片或动作正确说出单词，发音基本正确；能恰当运用一些最常用的寒暄语；能就所熟悉的话题做 2～4 个回合的问答。二级目标为：能利用非语言提示，简单描述自己熟悉的事。语音、语调基本正确；能用较慢的语速，提供五六句个人信息；能就所熟悉的话题做 4～6 个回合的问答；能用较慢的语速进行简单的值日报告。三级目标为：能就熟悉的话题提供信息，表达个人的意见。语音、语调基本正确；能用接近正常的语速，简单描述周围的人和事；能就所熟悉的话题做 6～8 个回合的问答；能用接近正常的语速对话题做简短的说明，表达基本准确。

读的一级目标为：能正确认读假名及所学单词；能正确朗读课文；能根据图片认读、理解单词及短句的意思。二级目标为：能用接近正常的语速、有表情地朗读课文；能借助图片、注释和生词表等读懂浅显的语言材料，生词不超过 1%。三级目标为：能用正常的语速，有表情地朗读课文；能借助工具书读懂简短的说明文、应用文和简单的信件，生词不超过 2%；能从简单的文章中找出所需信息，理解大意。

写的一级目标为：能正确书写平假名和片假名及所学日语汉字；能模仿范例写出简短的句子；能正确写出最常用的寒暄语。二级目标为：能正确使用基本的标点符号；能在教师的指导下看图写出 50～100 字的短文；能参照范文写出简单的贺卡和留言。三级目标为：能根据提供的语言材料，写出 100～150 字的短文，语句基本通顺，格式正确；能写简短的信件和日记；能根据图片写出简短的叙述文。

3. 文化素养教学的内容目标

文化素养教学内容包括文化背景知识的教学、语言行为特征的教学、非言语行为特征的教学三个组成部分。关于文化素养的教学内容目标，在课程标准中只规定了第三级，即高级目标。

文化背景知识的教学内容目标为：初步了解日本的地理位置、国土、人口、首都、四季以及樱花、富士山在日本文化中的象征意义；初步了解日本中学生的学习和生活、日本人的家居特点、饮食习惯；初步了解日本的大众体育活动、主要节假日及庆祝方式等；初步了解日本的一般交通状况。

言语行为特征教学的内容目标为：初步了解日本人的称呼习俗；初步了解日语交际中常用的委婉、含蓄的表达方式；初步了解表达问候、告别、请求、感谢、原因或理由时应该注意的问题。

非言语行为特征的教学内容目标为：初步了解日语交际中点头、微笑等的含义；初步了解日语交际中鞠躬、坐姿等一般礼仪；初步了解日语交际中遵守时间的重要性；初步了解日语交际中说话声音大小的适宜程度。

4. 情感态度教学的内容目标

情感态度的教学内容包括兴趣动机、自信意志、合作精神、祖国意识、国际视野五个组成部分。情感态度的学习在课程标准中也只规定了第三级目标。

兴趣动机的内容目标为：有学习日语、了解日本和其他国家的兴趣和愿望，并将这种兴趣和愿望迁移到主动学习日语上来；有明确的学习动机，保持积极的学习情绪，乐于参加各项日语实践活动。

自信意志的内容目标为：能在日语学习活动中克服害怕心理，能大胆模仿，敢于用日语表达；能体会日语学习过程中的乐趣，体验获得成功的喜悦，树立学好日语的信心；能努力克服学习日语中遇到的困难，磨炼意志。

合作精神的内容目标为：能在日语学习的各种活动中积极与他人合作，相互帮助，共同完成交际性学习任务。

祖国意识的内容目标为：能通过日语学习，进一步理解祖国的语言文化，增强民族自豪感。

国际视野的内容目标为：能通过学习日语，开阔视野，关注并理解他人的情感，具有初步的跨文化理解意识和国际意识。

5. 学习策略教学的内容目标

学习策略的内容目标包括认知策略、调控策略、资源策略、交际策略四个组成部分。课程标准对学习策略只规定了第三级目标。

（1）认知策略的内容目标为：利用图像、声音、动作和联想等方法记忆所学知识；大胆模仿，大声重复所学语言材料；根据自己的学习特点课前预习，课后复习；通过问答和自我表述等形式加深理解；根据语境推测没有听清、没有看懂的部分；学会记笔记，用提纲、图表等方式归纳整理所学知识；适当比较中日语言的异同点，帮助理解和掌握所学知识。

（2）调控策略的内容目标为：通过努力学习，体验成就感，树立信心；遇到挫折时，客观分析失败的原因，克服消极情绪；在日语学习活动中体验合作的乐趣，保持良好的合作态度；多从正面评价自己，合理地开展自我奖励和惩罚，用以激发学习兴趣，开发学习潜能；通过各种学习活动及时自我反馈，了解自己的学习状况，监督学习过程，摸索适合自己的学习方法，维持或修正学习行为。

（3）资源策略的内容目标为：合理地管理自己的学习时间，制订可行的学习计划；努力创造一个光线强度适中、整洁安静的良好学习环境；通过合作学习等形式，努力建立良好的同学关系，营造融洽的学习氛围；充分利用他人、集体对自己的督促作用，促进自己的学习；充分利用各种信息来源，扩大日语及相关信息的摄取量，增强语感，扩充背景知识。

（4）交际策略的内容目标为：在课内外学习活动和日常生活中，积极寻找机会用日语与他人交流；在交际中，把注意力集中在意思的表达上，不过多地顾虑词语表达的准确与否；必要时借助手势、表情等进行交流；交际中遇到困难时，不轻易放弃，能有效地寻求多方帮助，设法将交际继续下去；在交际中意识到中外交际习俗的差异，能设法选择得体的、对方容易接受的表达方法。

关于全日制普通高级中学的日语学习，国家颁布的教学大纲中对学习内容和目标也做了明确的规定。按照一级目标和二级目标的方式，为这一阶段的日语学习提出了明确的要求，简单介绍如下：

一级目标是全日制普通高级中学毕业的较低水平；二级目标是较高水平，一级目标和二级目标的教学内容相同，而对语言运用能力的要求不同。例如，对听力教学的要求中规定，一级目标要听懂语速为每分钟 100 个词的谈话，二级目标要求听懂语速为每分钟 120 个词的谈话；对阅读速度的要求，一级目标为每分钟 50~70 个词，二级目标是每分钟 70~80 个词。这种划分方式，是基础教育贯彻"教育人性化"的理念的反映，体现教育的不同阶段对教学要求的制定也应有其特点。

（二）高校日语专业教学的内容目标

目前我国的日语教育是以社会力量办学和大中专院校的日语教育为中心开展的，基础教育中的日语教学不占据日语教育的主导地位。而在大中专院校的日语教育（包括日语专业）中，由于"零起点"学习者较多，专业的日语教育也是分基础阶段教学和高级阶段教学两个层次开展。

高等院校日语专业课的教学，由于受学校性质、学科培养目标等的限制，对专业课、必修课、选修课的划分各有特点。开设课程的门类不同，课程名称及开设的时间、周学时数也不同，各学年教学要求的制定也有所差异。总之，参考我国各级各类的日语教学纲要以及国际日语能力考试对于不同级别的要求，将日语和技能教学目标、要求按照基础阶段与高级阶段简单地归纳如下。

1. 基础阶段教学的内容目标

大学一、二年级的日语教学内容标准主要针对大学日语专业（零起点）一、二年级的教学，以及社会力量办学中的最初一、二年内的日语教学。

日语专业基础阶段的教学基本要求如下：

（1）学年教学要保证不低于 500 学时，两年内学生应该掌握现代日语语音、语法、词汇的基本知识，具备听、说、读、写日语的基本技能；能够在所学语言材料范围内正确、熟练地运用日语进行口头、笔头交际，为进一步学习日语打下坚实的基础。

（2）掌握日语语音的基础知识，朗读或说日语时，发音、语调基本正确，合乎规范，没有明显的语音错误。

（3）掌握日语基础语法，概念清楚，对日语语法中的主要项目、难点理解确切，在语言实践中能够正确运用，无大错误，不影响交际功能。

（4）接触日语单词 8 000 个左右，基本句型 250 个以上，惯用词组 200 个以上，其中积极掌握不少于一半。

（5）在听的方面，能听懂日本人一般性的讲话，听懂难易程度与所学课文接近的各种文章的录音。其中生词不超过 3%，没有生疏的语法现象。

（6）在说的方面，能较流利地进行日常生活会话，能与日本人进行一般交际性和事务性交谈，能在已学过的题材范围内进行 3 分钟以上的连贯性发言，无明显的用词与语法错误。

（7）在读的方面，能朗读生词不超过 3%、没有新的语法现象的各种题材的文章，要求读音正确，有表情。能不借助词典快速阅读难易程度与所学课文接近的文章，内容理解确切，并能口头用日语叙述大意。能借助词典阅读非专业性的一般日文报刊。

（8）在写的方面，能记述和改写听懂和读懂的文章，能在两小时内写出 600 字以上的应用文、记叙文，文理通顺，语法、用词基本正确。

2. 高级阶段教学的内容目标

日语专业三、四年级的教学内容是一、二年级日语教学的延伸，与基础阶段的教学相衔接。在进一步练好听、说、读、写、译几方面基本功的同时，还要扩大视野，拓宽知识面，学习日本文化、文学等方面的内容。参考《高等院校日语专业高年级阶段教学大纲》，这一阶段日语教学的要求如下：

（1）知识结构目标。按照《高等院校日语专业高年级阶段教学大纲》的要求，高级阶段的日语教学从语言知识教学转入语言理论、与语言相关的专业知识与理论的教学，需要结合专业选择教学重点和内容。因此课程的具体设置由各学校根据培养目标适当掌握，大纲只是对课程的目标本身做了详细的规定。

（2）语言技能教学目标。《高等院校日语专业高年级阶段教学大纲》对于语言技能的培养目标也做了明确规定，从听、说、读、写、译几个侧面提出具体要求。

①听的内容目标为：能听懂日本人用普通话以正常语速所做的演讲、谈话，反应快，理解正确，并能复述中心内容；对电视节目、现场采访的广播及带地方口音的日本人讲话，听后能抓住主要内容和重要情节。

②说的内容目标为：能用日语较正确地表达自己的思想、感情，能与日本人自由交谈；经过较短时间的准备，能用日语即席发言或发表学术见解，就熟悉的内容进行讨论或辩论，阐述观点；日语语音语调正确、自然，表达通顺流

畅，无影响内容理解的明显语法错误；能根据不同场合、不同对象正确选用不同的语言表达方式，尤其是在词义的褒贬、敬语的使用及语气、色彩的把握方面基本无误。

③读的内容目标为：能读懂专业性很强的科技资料以外的现代日本文章，除了最新外来语、流行语及个别生僻词汇外，基本没有生单词；能读懂一般性日语文章，能理解作品的主要内涵和意境，能较好地归纳、概括其主要内容；能独立分析文章的思想观点、文章结构、语言技巧及文体修饰；对于古文、和歌、俳句等古典作品或文章，借助工具书、参考注释能读懂大意。

④写的内容目标为：能用日语写出格式标准、语言基本正确、内容明了的书信或调查报告等各种文体的文章；能写内容充实，具有一定广度和深度的说明文、议论文以及论文；在构思成熟的前提下，写作速度可达每小时 600～700 字，语言基本正确得体，无明显语法错误，用词恰当，简敬体使用正确。

⑤译的内容目标为：口译时，能在无预先准备的情况下，承担生活翻译；经过准备后，能胜任政治、经济、文化等方面的翻译；忠实原意，语言表达流畅，并能区别各种不同的语感和说话人的心态。笔译时，能翻译用现代日语撰写的各种文章、书籍；借助工具书和注释能翻译一般日文古文。汉译日时，能翻译《人民日报》社论程度的文章，每小时能译 400～500 字（相当于 1 000 日文印刷符号）。日译汉时，每小时能译 500～600 字。翻译文艺作品时，作品的预期意境及文体风格与原文基本相符，重要内容正确。

（3）实践教学目标。日语专业高级阶段教学目标还包括毕业论文和毕业实习。

毕业论文的撰写主要是培养学生书面语言的运用能力，掌握论文的写作方法，提高思考、分析和解决问题的能力。毕业考试合格者可以撰写论文。论文的选题要在所学课程范围内；论文要有独立见解；引用观点等要注明出处；字数 6 000～8 000 字。

毕业实习是为了使学生将所学的理论、知识切实地应用到实践中，弥补课堂教学的不足，强化课程所学的知识，提高学生在实践中独立思考和解决问题的能力，为毕业后走入社会做好准备。随着社会对外语人才的需求从研究型转向实践型，各高校也在实习实践课程计划、课程类型、课时量、模式、评价体制等方面做了积极的探索，增添了如见习、顶岗实习、海外实践、社会实践等新的模式。有的高校日语专业提出了赴日本半年海外实习的计划；还有的高校把日语专业实习实践时间从过去的 6 周增加到 4 个月，把这些实习、见习的课程设置在大三和大四的各个学期，分阶段、分目标为学生创造接触社会的机会，搭建语言实践平台。对学生的实习、见习的成绩评定主要从工作态度、业务水平、工作成绩、实习或社会实践报告几方面考核，由实习岗位指导教师和学校的带队教师评价。

二、日语教学的能力培养目标

（一）语言知识能力培养目标

语言作为系统，是一个整体。作为语言结构的三要素，语音、词汇、语法是日语知识教学的核心部分。

1. 语音能力培养目标

日语语音能力培养主要指培养学生顺利掌握日语语音的所有能力。对于一般学习者而言，语音能力主要包括：能够区分日语语音（音位）的辨音能力；能够准确再现日语语音的发音能力；听觉和动觉的控音能力；发音动作的协调能力；熟练进行自动化言语动作的能力；感知和再现日语语调的能力等。

2. 词汇能力培养目标

日语词汇能力培养目标主要包括：对词汇的形象记忆力（听觉、视觉和动觉的）；迅速而准确地区分近似词的能力；迅速形成新的概念的能力；区别词义的能力；迅速理解词的具体（上下文的）意义的能力；识记各种日语词组、短语、成语的能力；在感知日语时迅速认知和理解词的能力；迅速找出必要的日语词来表达自己的思想的能力等。

3. 语法规则能力培养目标

日语语法规则教学的能力培养目标主要包括：分辨各种词类和句子成分的能力；察觉日语词汇结构及语法特点的能力；根据语法规则变化单词并将词汇连成句子的能力；迅速而准确地辨认和再现各种句法结构的能力；正确掌握词的一致性关系的能力；熟练进行正写和正读的能力。在修辞方面，要具备概括语体词汇和语法特点的能力；辨认和再现各种语体的能力。

（二）语言技能培养目标

语言是用于交际的工具，人们通常采用听解、会话、阅读、写作的方式进行交际，因此，外语教学论将听、说、读、写称为外语学习的四项基本技能，简称"四技"。技能是指身体各部分的灵巧动作或感官的敏锐程度。外语的"四技"训练，实际就是对我们应用外语时的口、眼、耳、手等感觉、听觉、视觉、触觉器官进行的外语适应性或外语熟练性的训练。在训练这些语言技能的同时，也会逐步提高各种言语能力。

1. 听解能力培养目标

听是获得日语知识和技能的源泉与手段之一。听解是听觉器官的运动过程，也是一种复杂、紧张、富有创造性的智力活动，它要求听者在这种活动的过程中积极地进行感知、记忆、分析、归纳、综合等思维活动。因此，听力训练又是一种重要的智力训练。

根据听的心理特点，可把听的能力概括为：快速捕捉和存储信息的能力；辨别各种语音的能力；适应日语语速的能力；长时间的听解能力；综合和概括的能力；判断力等。帮助学生了解听的心理特点，掌握听解能力提高方法，是听力教学关于听解能力培养的目标。

2. 会话能力培养目标

会话又被称为"说"。会话是一种积极的言语活动，是不经分析和翻译，迅速用外语表达思想的一种技能。它不是简单地重复已经学习过的语言材料，而是创造性地组织已经学过的语言材料表达自己思想的一种行为方式。

会话能力是一种复用式言语能力。根据会话的心理特点，把会话能力概括为：自如地、创造性地运用已经学习过的语言材料表达思想的能力；注意力集中在会话的内容而不是语言表达形式的能力；敏捷思考和快速运用语言的能力；会话过程中的日语思维能力（或排除翻译的能力）；应对无主题对白的语言交际能力等。帮助学生了解说的心理特点，掌握会话能力提高方法，是会话教学关于会话能力培养的目标。

3. 阅读能力培养目标

阅读是重要的获得语言知识的手段，人们通过阅读实现间接言语交际。特别是在当今，由于信息技术和现代化网络架起了通信桥梁，网络在线阅读已经普及，获取日语阅读材料的条件比过去成熟许多，通过阅读获取日语知识已经成为一种重要的学习形式。阅读能力是培养其他言语能力的杠杆，所以，阅读能力的培养也是外语学习的一项重要任务。

阅读能力是指感知、识别和理解语言材料的能力。具体包括：辨认词、词组、句子结构的能力；把握段落中心思想和作者思想发展趋势的能力；弄清句、段之间的关系和诸如指示代词的实际内容等方面的能力；对文章整体的综合理解的能力等。帮助学生了解读的心理特点，掌握阅读能力提高方法，是阅读教学关于阅读能力培养的目标。

4. 写作能力培养目标

写作是借助文字符号传递信息的语言活动或语言交际形式，是一种语言输出过程，也是重要的语言交际活动。随着网络的普及，日语应用写作从书信、公文、科学论文、文艺作品等领域扩展到网络信息交际等领域，增强了写作的应用性，对写作能力的要求也逐步提高。因此，写作能力的培养也是日语学习的一项重要任务。

写作能力包括：书面造句能力，搜集素材能力，书面语言的运用能力，捕捉灵感能力，构思能力，组织和形成思想的能力等。帮助学生了解写的心理特点，掌握写作能力提高方法，是写作教学关于写作能力的培养目标。

5. 翻译能力培养目标

翻译是在准确、通顺的基础上，把一种语言信息转变成另一种语言信息的行为。其分类有许多种，如：根据翻译者翻译时所采取的文化姿态，分为归化翻译（意译）和异化翻译（直译）；根据翻译作品在译者语言文化中所预期的作用，分为工具性翻译和文献性翻译；根据翻译所涉及的语言的形式与意义，分为语义翻译和交际翻译；根据译者对原文和译文进行比较与观察的角度，分为文学翻译和语言学翻译；根据翻译媒介分为口译、笔译、视译、同声传译、机器翻译和人机协作翻译、电话翻译等。由于在语言表达形式上只分为有声语言和符号语言，因此，在讨论翻译能力时，只在口译、笔译两个大的概念下展开讨论。

口译和笔译在语言表达的即时性、文学艺术性等方面对译者的要求有所不同。但是，从翻译的心理过程和能力要求上，两者是一致的，仅在各要素内部有所差异，如对于译者心理，口译的要求是"稳定、快速反应、一次性"等，笔译则强调"精确、仔细推敲、反复"。鉴于此，可将翻译的能力概括为双语交际能力、转换能力、职业能力、心理生理能力和决策能力等。

（三）跨文化能力培养目标

跨文化学习主要包括跨文化接触、跨文化理解和跨文化交际三个过程。跨文化接触，就是个体通过有选择地借用母国文化来接触跨文化，对跨文化所做的富有个性特征的统合和再现。跨文化理解，就是辩证地认识跨文化的内涵、思想观点。学习者固有的价值观、思维方式会直接影响到对跨文化的理解和认识。跨文化交际又称为跨文化知识应用，主要是指进行跨文化交际时如何避免发生文化冲突，使交际朝向我们期待的目标发展，让交际顺利进行。

为达成跨文化理解与交际需要具备各种能力。根据斯皮茨巴克关于跨文化交际模型的实验研究，跨文化交际能力可以列举为：跨文化适应力、异社会体系对应能力、对焦虑的心理调节力、建立新的人际关系能力、促进交际的能力、对相互关系的干预或参与能力、理解他人的能力、文化差异的认知能力、对自我与文化关系的认知能力、交际能力、责任管理力、自我同一性探求能力、会话管理力、坦率程度、灵活处理人际关系的能力、区别力、社会适应力、主张自我意见的统率力、管理能力等。此外，他还列举出影响跨文化理解与跨文化交际的诸多要素，如交际的有效性、达成课题目标、交际机能、"软件"移动、注意的深度、非本民族中心主义、领袖风范、非言语行为、对交际的牵挂、文化间的共鸣、文化的相互作用、理想与愿望、从属性不安、协调性、自我意识、顺应性、对人际关系的精通程度、言语交际时的共鸣或有效性、自主行为习惯、性格特征的优点、言语活动的敏感性或成熟度、对个人或家族的适应性、韧性、自信、主导权等。

日语教学关于跨文化的能力培养重在对跨文化的理解和跨文化交际能力的培养。结合日语学习特点，可以将跨文化能力概括为：意志决断能力，问题解决能力，创造性思考能力，批判性思考能力，有效的交际能力；人际关系能力，自我认识能力，共鸣能力，情感控制能力，对焦虑的处理能力。意志决断能力，即明确自我究竟要做什么、想做什么这一目标意识，从而决定自我行为目标和方向；问题解决能力，包括目标设定，其中最重要的是发现问题和选择最恰当的解决问题的方法以及如何达到目标的企划能力；创造性思考能力，即把获得的信息创造性地组合，创造出独特的思考和计划的能力；批判性思考能力，即对获得的信息、经验以客观的方法进行分析的能力；有效的交际能力，即采用言语与非言语形式自我表达的能力；人际关系能力，即与他人保持良好人际关系的能力；自我认识能力，即对自我的性格、优缺点、愿望、好恶等的认识能力；共鸣能力，即对他人的意见、情感、立场、心情能够产生共鸣而又不为其所左右的能力；情感控制能力，即对喜怒哀乐等情感的自我控制力；对焦虑的处理能力，即了解跨文化学习过程中产生的焦虑源，为解消焦虑而采取适当措施的能力，也称作心理调节能力。帮助学生了解跨文化理解和交际的心理特点，掌握跨文化学习的方法，是跨文化教学关于跨文化能力的培养目标。

（四）情感能力培养目标

丹尼尔·戈尔曼从五方面分析了情感能力，即自我认识能力、自我驾驭能力、自我修正能力、共鸣能力、社会协调能力。自我认识能力主要是指对自我情感的理解并由此决定自我意志，对自我能力作出客观评价，拥有获得调和的自信。自我驾驭能力是指为推进自我行为而对情感的有效处理，如致力于目标追求、感受成功的喜悦、从苦恼中很快地解脱出来等；自我修正能力是指为了能够朝着预定目标前进而自我激励、自我导向，发挥内心深处的积极动因，如有上进心、率先行动、发生问题或受到挫折时向前看、不受阻挠等；共鸣能力是指了解他人的感觉，理解他人的想法，构筑与他人的相互依存关系，调和并保持这种关系；社会协调能力是指有效处理与人交往过程中产生的各种情感，正确理解社会现实和交际网络，能顺利地与他人交流，有劝导、领导能力，在产生对立时能够巧妙交涉，解决纠纷，重视团队协作氛围的创建。

由此，可以把日语学习的情感能力归纳为：学习愿望与兴趣的培养能力，树立良好学习动机的能力，调节个人情绪的能力，勇敢、积极地参与语言实践的能力，与他人的协作能力，探索精神与毅力，培养克服困难的勇气和决心的能力，吃苦精神，人际交往能力。帮助学生适时地调节自我学习心理，是教师教学过程中对学生情感能力培养的目标。

（五）学习策略能力培养目标

学习策略是学习者为掌握某种知识和技能所采用的一系列方式方法。外语能力的形成除了受教学策略的影响外，另一个重要条件就是学习策略的选择。日本名古屋大学教育学研究科伊藤崇达根据"失败的努力归属与学习动机没有关系"的结论，对原因归属、学习策略与自我效能感之间的关系进行了调查研究，得出了"与认知的学习策略相比，自我调整学习策略与自我效能感之间的相关更为显著。在诸多的学习策略中，学习者自我调整学习策略最为重要"的结论。这一研究表明，自我调整学习策略对学习成就获得具有重要意义。假设将学习中遇到的困难看作学习的暂时性失败，那么相应地调整自我学习策略就是克服困难的最重要的武器。

日语学习活动中学习策略的能力主要包括：选择有效感知、记忆、联想等方法的能力；选择合理预习、复习策略的能力；有效理解知识和概念的能力；主动探索符合日语学习规律的学习技巧的能力；调节学习中自我生理与心理机能的能力；正确评价自我学习的能力；监控自我学习的能力；管理自我学习的能力；在团队学习中发现及借鉴他人学习方法的能力；选择既适合自我个性心理特征又有效促进交际的行为方式的能力。帮助学生了解学习过程的心理特点，掌握学习方法和策略，是学习策略能力培养的教学目标。

第二章 日语教学手段与教学模式

我国近年来的高校日语教学虽已尽力摆脱传统的单一导入方式，但仍存在诸多问题。要培养出真正具有无障碍跨文化交际能力的实用型日语人才，首要任务便是改变传统的教学模式，将符合高校日语教学要求的教授法、教授技能应用于课堂。本章介绍了日语教学的方法与模式。

第一节 日语教学法

一、日语教学法的对象和任务、途径和方法

（一）日语教学与日语教学法

日语教学和其他教学活动一样，是一种有目的、有组织、有计划的活动。学生在教师指导下从假名开始学习日语知识，逐步掌握听、说、读、写等日语技能，这是个极其复杂的发展过程，这个发展过程具有客观规律。日语教学法就是研究日语教与学的过程及其规律的科学。

日语教学法这一概念包括以下要素：日语、日语教学、日语教学法。日语是指日本民族使用的语言以及与语言交际息息相关的社会文化知识。日语教学是关于日语知识与技能的教与学的活动，具体指教师指导学生学习日语文化知识，掌握日语听、说、读、写等能力以及汉日语言互译能力、跨文化交际能力，同时帮助学生获得一定的身心发展，形成一定的思想品德的活动。学校的日语教学通常是在一定的教学目标指引下，按照既定的教学计划和大纲，采用符合教学目标和教学对象实际的教科书，在具有日语教学技能、日语知识和日语能力的教师的具体指导下，针对特定的教学对象实施的活动。日语教学法是研究日语（作为外语）教学理论和实践的科学。日语教学法不仅研究日语教学的基本理论，还研究日语教学的具体方法，如讲授法、翻译法、演绎法、练习法等，还要研究针对不同国别、不同年龄段、不同固有知识水平的教学对象开展教学时需要采取的方法和策略。因此，日语教学法既是研究理论的科学，也

是师生围绕日语知识与技能展开的教与学的实践活动。

（二）日语教学法的学科属性和体系

1. 日语教学法的学科属性

关于日语教学法的学科属性历来有所争论，有观点认为日语学科教学论是外语学科教学论的一个组成部分。外语学科教学论是教育科学的一个分支，因为它的研究对象是教师、学生、教材、课程、评价等外语教学中教育和教养过程的一般规律，所以日语教学法的学科体系也应该从属于教育科学。还有观点认为，日语教学法是从属于语言学的，是日语应用语言学的一个分支，因为指导学生掌握日语知识和言语技能是日语教学法研究的根本任务，日语教学法的研究离不开日语知识和语言文化背景，因此，日语教学法是日语学理论在教学中的实际应用。

其实这两种观点都有其合理性。日语教学法是一门涉及多学科的边缘性科学，与英语教学法、俄语教学法等同属外语分科教学法，是普通外语教学法的一个分支。普通外语教学法探讨各科外语教学的普遍规律，它来源于各分科外语教学法，也指导各科外语教学法。日语教学法既是一个科学概念，又是高等师范院校日语教育专业的必修课程，是一个课程名称。

2. 日语教学法的体系

日语教学法的体系组成有两种含义，一是指它的广义内涵，又称为亚体系。二是指它的狭义内涵，即教学法所包含的内容。

从广义看，日语教学法的亚体系由基本理论、基本知识、基本实践、基本操作、专业思想组成。

（1）基本理论。包括一般语言观、心理观、教育观以及相应的规律、模式、原理，如语言知识和言语技能的统一，智力因素和非智力因素的统一、教学和教育的统一等。基本理论也包括具体的日语教学观点、原则、路子，如听、说、读、写并举，语音、语法、词汇综合，学习和习得结合等。

（2）基本知识。基本知识是基本理论的应用，包括各个方面的教学方法、方式，各种类型的教学手段、技术的运用和使用，以及有关的道理和说明等。具体的语言知识教学法、言语技能教学法、课外活动组织法、现代化教育技术手段使用法，以及强化性和艺术性教学法等，都属于基本知识之列。当然，基本知识和基本理论的划分是相对的。

（3）基本实践。是指初步把日语教学法基本知识和基本理论应用于教学实践的尝试。这种实践带有训练性质。但是在基本实践中，实践者也要努力发挥创造性。基本实践的主要形式是教育实习、见习、评议会、讨论会等，包括听课、备课、写教案、上课、批改作业、辅导、家庭访问、指导课外活动等一系列的教学实践。通过实践形成能力。

（4）基本操作。是指日语教学中的技艺性或技术性的活动。如板书和黑板使用的整体设计，简笔画的画法和构思，各种电化教具的使用方法和操作技巧、在线课程指导等。这些都是日语教师的基本功，是本学科的组成部分。

（5）专业思想。发自内心希望自己能成为一名合格日语教师的专业思想是学习和研究日语教学法学科的出发点和归宿。本学科的广度、深度、难度，学科教师和发展所需要的思想修养、文化修养、逻辑修养等，都会促进日语教育研究者、工作者对之产生兴趣，进而转化为对日语教学工作的兴趣，这也会促进专业思想的树立和巩固。

教学是创造，教学法学科的发展是创造。抓住创造，教学法学科的基本问题就容易解决。学习教学法就是学习创造，研究教学法就是发挥创造性，创造就有价值，这是教学法学科发展的原动力。

从狭义看，日语教学法的组成成分主要分为两大部分：教学思想和课程设计。课程设计可分为教学目的、教学内容、教学流程、教学方法四个部分。教学思想是课程设计的指导思想和原则，课程设计是教学思想的体现。不同教学法体系首先表现在教学思想上，从而也体现在课程设计上。

教学思想是对语言特性及其社会功能、对语言掌握、对母语和日语掌握过程的异同等的认识以及组织教学过程的原则。

教学目的指确定课程的教学目的。教学内容兼指教学内容范围、选择标准、量时比及组合教学内容的体系和原则、编排顺序等的设计。教学流程指整个教学过程组织的设计，如课程整体安排、教学阶段的划分和衔接、课型和分工、课内教学和课外教学的配合与分工等的原则。教学方法指课内外教学基本模式的设计。

（三）日语教学法的研究对象和任务

日语教学法主要研究"为什么教（学）、教（学）什么、怎么教（学）、教（学）得怎么样"等问题，归根结底是教学的基本过程。

教学过程是一个系统，首先体现的是由教师到学生的"人—人系统"，它是由教师、学生、教学目的及教材、教学方法等要素构成的。教学的培养目标决定着课程的设置、教科书的选择和教学评价的方法、标准等，这与教育学、心理学密切联系。教学的具体内容是日语和日本文化，这与日语文化密不可分。教学过程中会应用到教学设备、现代教学技术手段，这涉及教学方法与策略。这些都是日语教学法要研究的重要课题。归纳起来，日语教学法的研究对象主要包括下列几个方面。

1. 日语教学的意义

属于这方面应研究的问题有：第一，学习日语对于个人发展和国家建设的意义。第二，学制与学时，即在哪一类学校、哪一个年级开设日语，学时多少。第三，日语教学的教育、教养、实用目的及其相互关系，日语教学在实用方面的总目的和各年级的教学目标与要求。第四，各级教育部门有关日语教学的规定。

2. 日语教学的内容

这方面主要是研究教学内容。国家颁布的各层级教学规定了内容范围。教科书根据大纲的要求按照一定顺序编排、选择具体内容，因此研究"教什么和学什么"的实质是研究教科书问题，如编写和选用教科书的原则、分析教科书的结构和体系等。

3. 日语教学的方法

教学是师生的双边活动，要研究如何教必须先研究如何学。属于如何学的问题包括：第一，学生在日语教学中的地位；第二，学生学习日语的心理过程；第三，从学习者角度看决定日语学习质量的诸因素，如学习态度、学习兴趣、学习动机、学习外语的适合性（素质）等。

属于如何教的问题包括：第一，日语教学法的理论基础；第二，各种外语教学法流派的理论和实践；第三，适合我国日语教学的理论、原则以及与此相应的日语语音、语法、词汇基础知识教学和听说读写基本技巧的训练方法；第四，日语课堂教学和成绩考核；第五，现代教育新技术，除了传统的录音、录像、广播、电视外，最新的网络媒体对日语教学的影响等。

4. 影响和制约日语教学的要素

任何教学过程都是具体的，在一定的时空范围内开展的，有制约它的诸要素存在。例如教学行政管理、教育政策、教师能力素质、教育评价机制等。要解决为什么教、教什么和怎样教的问题时，可以利用相邻科学的研究成果和理论，但是不能抽象、机械地引用，因为这些相邻科学的任务需要回答的问题与日语教学法不同。

教育学的任务是探索一般的教育教学规律，心理学研究人们一般的心理规律和接受一般教育、教学时的心理规律，语言学研究语言本质、人们习得语言和运用语言的一般规律，这些理论十分有助于日语教学法的研究，但是它们不能直接、具体地回答日语教学过程中的诸问题。不断地回答、解决日语教学过程中出现的新问题是日语教学法研究的根本任务。

（四）日语教学法的研究途径和方法

1. 日语教学法的研究途径

（1）以史为鉴。日语作为外语教学在我国已有百余年的历史。自 1896 年清政府在北京同文馆内设立了东文馆（日文馆）起，中国就开始把日语作为外语纳入教育领域。可以说，日语教学在我国起源于近代，发展于改革开放以后。作为外语教学的一个分支，日语教学法研究受到以英语教学法为主体的外语教学法的影响。从外语教学法发展历程来看，我国的日语教学先后经历了翻译法（语法翻译法、词汇翻译法、翻译比较法）、直接法、自觉对比法、口语法、视听法、认知法、自觉实践法、功能法等发展阶段和过程。每一种教学方法都有其合理性和不足之处，继承和借鉴已有的教学法，古为今用，洋为中用，取其精华，对丰富和发展日语教学法有现实意义。

（2）吸收兼容。与日语教学法相关联的其他学科不断发展，取得新的成果，其中必有能够为我所用的学科理论可以与日语教学实践相结合，指导教学实践，这也是丰富日语教学法的理论宝库。

（3）借鉴国外。20世纪60年代日本经济崛起，日本成为世界经济强国。强大的经济实力也促进了日本的国际化发展，经济腾飞与生存压力、少子化等社会问题的产生也促使日本政府以及民间团体纷纷采取措施，大量吸收海外留学生，间接地促进了日本本土的日语教育者研究对外日语教学法。半个多世纪过去了，这些来自日本本土的对外日语教学理论为我国日语教学提供了很多可供借鉴的经验。

2. 日语教学法的研究方法

（1）研究课题分类。日语教学法的研究课题，按照性质和作用可以分为两大类。第一类是理论性的，其表现形式为专题论文和专著；第二类是实用性的，其表现形式是各种教学文件和资料，包括教学大纲、教材、考题、工具书、参考书等。

（2）研究方法分类。社会科学的一般研究方法有观察、文献分析、面谈、问卷、测试、总结、实践和实验等。

①历史文献法。又称为历史法和文献法，就是研读国内外各个历史时期关于针对中国人开展日语教学的论述、专题论文、专著，分析、整理、研究各个时期的教学大纲、教材、考题等，从阅读文献入手，以历史的、发展的、批判的眼光探索日语教学理论与实践规律的研究方法。

②观察调查法。这是通过对教学现场的观察和调查取得有关资料进行研究的教学方法。观察的对象可以是教师本人通过微格教学设备录制实验课全过程，课后进行观察。观察的对象也可以是他人的现场教学，获得一手的观察资料和数据，开展调查。调查旨在取得难以直接观察到的资料，如为了评价贯彻某个大纲、使用某部教科书、采用某种教学方法的实践效果，除了观察教学现场之外，同时组织各种调查。

观察调查法主要包括教学现场观察、专门组织的调查测试、学生的作业或试卷调查分析、就某一专题问卷调查、谈话调查等。观察和调查的资料与数据要进行归类整理和分析,综合研究后才能得出结论。

③实验法。这是一种通过教学实践验证原有假设或理论的方法。按实验目的,又可分为试证法和实验法。

试证法旨在通过教学实践验证实验前提出的假设。通常用于探索性研究。一般情况是:研究者在阅读文献或在教学实践中得到某些启发,形成某种设想或假设,然后组织试证教学,以期验证自己的假设是否科学、是否可行。

实验法旨在通过教学实践,验证前人或他人的某种理论是否有效和可行。通常用于评论性研究。在许多情况下,在验证前人或他人理论时,研究者往往加上自己实施这一理论的一些补充设想。这样的实验,就兼有试证的性质。在现实的教学实验中,采用纯粹实验法较少,采用兼有试证性质又有实验性质的实验法较多。

在研究实践中,历史文献法、观察调查法和实验法往往结合使用。采用历史文献法研究某个理论问题时,可能通过实验法取得论证资料;采用实验法评价某项理论时,可能通过观察调查法取得进一步的佐证;采用观察调查法进行研究时,可能事先通过文献分析法熟悉问题在文献资料中的记载。

④比较分析法。随着日本经济高度增长期的到来,经济发展需求与"少子化"产生的劳动力不足发生矛盾,日本自20世纪80年代以来,高度重视海外留学生的招收和教育,对日语非母语学习者的日语教育问题研究水平高,成果丰硕。这些日语非母语的学习者或者是以英语为母语、或者是以其他语言为母语,不同母语文化对日语教育教学的研究有不同的影响,结论也不相同。当直接借鉴在日本针对中国学生开展的日语教育研究成果时,由于中国、日本两个国家不同教学环境存在差异,可以采取比较分析的方法,研究不同文化背景、不同语言教学环境下的教学法理论和方法。同为外语教学法学科体系的英语教学、俄语教学的理论及方法也有助于丰富和发展日语教学法的理论,指导日语教学实践。在比较法上可以采取纵向比较(如针对不同国别学习者日语教学法比较)、横向比较(如英语教学法与日语教学法的比较;实验组与对照组比较)、同类比较(如在中国的日语学习者和在日本的中国人日语学习者的日语教学比较)、相异比较(如男、女日语教学法比较)、定性与定量比较(如影响日语教学的因素与影响值)等方法。

⑤经验总结法。日语教学是实践的过程,教学经验来源于教学实践,只有认真地科学地总结经验,并上升到理论高度,才能在更广泛的范围内指导教学实践活动。总结经验需要我们具有明确的科学研究意识,选准研究课题与对象,把握方针政策,掌握国内外研究现状,制定研究计划,搜集具体事实,在此基础上进行分析和综合,并广泛论证,总结成果。

（3）研究工作的一般步骤。

①准备阶段。这个阶段有两项主要工作：准备研究条件和拟定研究计划。

准备研究条件包括：收集文献资料（文献分析法），确定需要观察的班级及需要调查和收集的资料，编写调查测试用考题、问卷，选定各项活动的对象（观察调查法），准备实验用品（实验法）。

拟定研究计划包括：研究课题，研究的目的和意义，研究内容的提纲初稿，工作进程，各阶段完成日期。

准备研究条件和拟定研究计划这两项工作常常交叉进行。例如，要准备文献资料，先要取得课题，而要取得课题，又往往需要准备必要的条件。

②计划实施阶段。准备工作基本就绪，开始按计划开展研究活动：阅读文献、观察调查、实验。在这一阶段必须做好文献摘录及各种资料的记录、收集、整理、分类等工作。

③分析判断阶段。资料收集齐全、实验完成，就要对取得的各种资料从定量到定性两方面进行统计、分析、归纳、判断，得出有规律性的、有说服力的或者有启迪性的结论，形成观点。

④表述阶段。有了资料，有了观点，就可以正式构思论文的结构和内容，把研究活动的结构用文字表达出来，写出言之有物、立论有据、有观点、有材料的论文。

在实践研究工作中，后几个阶段的活动也有可能有交叉。例如，在分析判断阶段，甚至在表述阶段，可能发现某些资料不足，因而需要再次收集资料，在对资料进行整理和分类时，就可能需要进行初步的归纳和判断。所以，上述工作步骤只能是一般的划分。

（五）对日语教学法的认识误区

1. 否认日语教学法的科学性

认为教学法是语言学、心理学、教育学理论的拼装，不是一门独立科学，或者把教学法与应用语言学、心理语言学、社会语言学等同起来，认为与其学习教学法不如学习这些科学更有价值。的确，日语教学法与这些学科关系密切，但是，每一门科学都有其独特的研究对象和研究任务、研究方法，能够有助于日语教学取得最佳效果的只有日语教学法。

有些教师不掌握日语教学理论，或者没有认真研究教学方法，对教学的认知来源于自己的老师，在讲台上只能是机械性地模仿自己的老师，属于感性认识、经验主义认识。这个模仿的方法是否符合教学目标，是否能保证教学质量，达到预期效果是难以保证的。如何上好一门课，如何上好一堂课，不懂得教学法的教师很难科学地作出回答，那么这节课、这门课的教学质量就可想而知了。

2. 把日语水平与教学法水平等同

认为自己日语水平高，就一定能做好日语教学工作。日语水平是日语教学的前提基础和教学质量的保证，但是，不是所有会日语、日语知识丰富的人都能做合格的日语教师。例如，不是所有的日本人都擅长日语教学；精通日语的翻译家不一定懂得教学法，不一定是优秀的日语教师。可以肯定地说，外语水平高的教师不懂得教学法，其教学水平不一定高。

3. 把教学法水平与口头表达能力混淆

口头表达能力强意味着教师能清楚表达思想意图。良好的学科基础、良好的口头表达，是教学质量保证的必要条件。但是日语教学是研究日语教学过程的科学，研究对象包括复杂多变的人，不懂得教学规律、人的学习心理等，口头表达难得要领，难以把握教学的关键。所以口头表达能力强不是取得教学效果的唯一条件。

4. 对教学方法唯一性的认识

许多青年教师教学实践经验少，教育理论知识不够扎实，在研究教学法时容易陷入标准唯一的误区，即希望在教学中找到一个模板，无论什么课程、无论面对何种教学对象，"一招鲜吃遍天"。如认为让学生动起来就是一堂好课，不顾是否适合教学内容、教学目的，一味地采取多种形式的课堂练习，流于形式；再如，认为教学法理论无用，教师可以各自为政，平行班教学时你用你的方法，我用我的方法，反对教学方法唯一。诚然，具体的教学方法是多种多样的，不能强求一律采用同样的方法。但是，这样的不一致是在教学基本理论指导下的开展的，是对基本教学法理论的不同诠释和演绎，这是在创造性地灵活应用教学法，而不是无标准无原则的随意行为。

5. 过度强调学生的自主学习能力，忽视教师作用

在强调自我学习、独立学习、终身学习的今天，在信息技术高度发达、知识获得方式不断增多的今天，学生的自主学习能力的确有所提高，但是，教师的作用依然不能忽视。随着高等教育改革不断深入，对人才培养规格和质量的标准也不断提高，日语专业人才培养从精英型、研究型转变到应用型、复合型。这绝不意味着人才培养质量的下降，而是对学生专业能力的提高和知识领域的扩大提出的新的要求。在有限的课堂教学时间内完成更多的教学任务目标，意味着教师的有效学习指导必须达到新的高度，否则，学生靠自我摸索经验、死记硬背是难以完成学习任务的。因此，不能只重视提倡学生自主学习而忽视对教师指导学生学习的研究，不能忽视教师的作用。

6. 把握不好教与学的关系

有这样的教师，具有很高的日语水平，掌握一定的教学方法，有很强的责任心，希望他所教的学生都能学有所成。这也是一名优秀教师的标准。但是，在教学过程中，他总是担心学生学不会，讲授知识面面俱到，唯恐遗漏，认为学生只要跟随他的指挥棒就能学精学好，所以总觉得课时不够，对学生的学习指导全神贯注于讲授，而忽视学生的主观能动性。把握不好"如何教学生学习"的问题，归根结底还是没有把握好"教与学"的关系，这样的教学很难调动学生的学习积极性，也不利于学生自主学习能力的养成。

7. 把教学经验与教学法水平相混淆

作为一门科学，教学法的理论来源于教学实践，来源于前人对教学经验的总结，教学法理论又接受教学实践的检验，教师学习教学法理论，必须应用到教学实践中才算是真正掌握。教学经验终究不等同于教学法理论，实践经验只有上升到理论高度才能指导实践，并且要经过实践的检验才可以称之为科学理论。教师的教学活动是针对人的，学生不是实验品，不能用一届一届的学生做实验，培养教学经验和能力，有责任心和教师道德的人不会把教学经验与教学法水平混为一谈。

二、日语教学法与基础学科的关系

下面主要讨论的内容包括日语教学法与哲学、教育学、心理学、语言学、社会学、人类学、系统科学、现代教育技术的关系。

（一）日语教学法与哲学

思想政治教育中的马克思主义哲学，特别是辩证唯物主义认识论和方法论是日语教学法的指导思想的理论基础，是认识日语教学法中各种矛盾的本质和正确处理矛盾的根本武器。

在研究教育科学时，要肯定教学规律是客观存在的，不以人们的主观意志为转移，同时还要认识到，随着科学的进步、时代的发展，人们对教学方法的研究也会随之发展变化。就外语教学法体系而言，经历了语法翻译法、直接法、自觉对比法、口语法、视听法、认知法、自觉实践法、功能法、交际法等阶段，每一个教学方法的出现，都是与各种方法相互交叉、互为补充的，是为适应当时社会历史时期外语教学需求而产生的。每一种方法的产生又对旧的教学方法产生了推进和促进作用，完善了旧的教学方法所没有涵盖的内容。辩证唯物主义关于发展的观点揭示了人们对外语教学发展过程和一般规律的认识过程。此外，任何教学法理论都要受到教学实践的检验。外语教学是一个多组成（教学内容的多样性）、多层次（教学目的多样性）、多因素的复杂过程，存在多重矛盾，在探索过程的规律，观察矛盾的对立、统一和发展时，必须联系具体的时间、地点、对象、条件，注意矛盾的共性和个性，注意矛盾的主要方面，坚持具体问题具体分析。思想政治教育中的马克思主义哲学观点是研究日语教学法的根本思想武器。

(二) 日语教学法与教育学

教育学要求把日语教学作为整个教育活动的一个组成部分，促使学生全面发展，日语教学既是教育的目的，又是教育的手段。教育学所阐明的原理、原则对整个学校教育、对学校的各门课程都有指导作用。

教学论也称普通教学法，是教育学的一个重要组成部分或分支，它专门研究教学过程及其规律。教学论和学科教学法，包括外语教学法中的日语教学法，既有密切联系，同时又有区别。教学论研究学校各门课程的一般教学过程和规律，它所论述的教学原理、原则及教学方法是从各门学科教学法大量材料中分析、概括、提炼出来的，对各门学科的教学都有指导意义。而学科教学论在研究学科教学理论的同时，一方面要以教学论所阐述的原理和原则为指导，另一方面又以自己的研究成果充实和丰富教学论理论。教学论是教育科学中与日语教学法有直接关系的科学。

(三) 日语教学法与心理学

心理学是研究人们的心理过程，研究人们的思维、记忆、想象、意志等心理过程及其规律的科学。人的心理就是脑的特征，生理是心理的基础。教学活动是师生的共同活动，教学的成败取决于师生双方的积极性。学习的过程是认知的过程，与心理活动密不可分。为把教学组织得合理并卓有成效，必须要关注教学实施者的教师心理和作为教学主体的学生心理，了解他们的一般生理和心理特点，掌握师生在教学过程中的心理规律、智力因素、非智力因素和个性因素的和谐作用。行为主义心理学和认知心理学的基本规律是指导日语技能训练和日语学习能力培养的重要依据。心理学可以指导教师和学生在教学过程中找到动机、自尊、自信、自觉性、自主感、记忆技巧及规律等。

教育心理学是研究学生在教育影响下形成道德和品质、掌握知识和技能、发展智力和个性的心理规律，是与日语教学法紧密相邻的学科。教育心理学关于学习动机、兴趣、学习知觉、表象、思维的相互作用的研究，关于掌握知识和技能的心理规律的研究等，都与日语教学法有着直接的关系。

心理语言学或语言心理学研究人们习得、学习和使用语言的心理规律，主要侧重于母语和第二语言的习得与学习等的心理规律，关注不同年龄、母语水平、学习环境和学习动因、学习内容对第二语言学习的影响，心理语言学的研究成果有助于日语教学法建立新的理论，对教学实践有指导作用。

（四）日语教学法与语言学

语言是交际的最重要的工具。学习语言要注意它的物质结构，更要注重其交际功能。任何外语课程的最终目标都是要使学生利用所掌握的语言知识达到交际的目的。语言是思维的外壳，母语水平是思维能力的重要反映，母语思维习惯对外语思维习惯的养成具有干扰作用。语言和言语是不同的概念。语言是音义结合的词汇和语法的体系，言语是在特定的语境中为完成特定任务时对语言的使用。语言和言语互为依存。语言的社会功能表现为言语时才能体现；言语要以语言为基础，不能脱离语言规则。语言是体系，言语是行为。语言和言语的关系表明，外语教学的最终目的应该是培养言语能力或交际能力，外语教学的内容不仅指语言知识，也指听、说、读、写行为，教学方法不仅要根据学习语言知识的需要进行设计，更要根据培养听说读写的能力需要进行设计。

（五）日语教学法与社会学

语言与社会的关系是辨证的，之间存在着错综复杂的关系。社会的本质是人和组织形式：人，确定了社会的规模和活动状态；组织形式，决定了社会的性质。语言是一种社会现象，是人类区别于动物的重要标志，是人与人交际的工具，也是使人与文化融为一体的媒介，它随着人类的形成而形成，也随着人类社会的发展而发展、变化而变化。文化也是一种社会现象和社会精神力量，是人们通过长期的社会实践所创造和形成的产物，是社会历史的积淀物。人类用语言创造了文化，文化又反过来影响了人类，促使人类走向更大的进步。自古以来人类社会积聚下来的文化遗产给语言留下了深刻的烙印，人类的语言是人类社会文化中的语言，它与人类社会、人类的文化有着密切的关系。

社会学理论是社会学家思想的结晶。从孔德的实证主义到吉登斯的结构化理论，从严复的《群学肄言》到孙立平的《断裂》三部曲，社会学理论的发展走过了近 200 年的历史。在这近 200 年中，众多社会学家留下了各式各样的思想，其中有些还形成了独特的门派。这些思想被后人编撰，形成了社会学理论。社会学的功能论、冲突论、过程论、符号互动论、批判论和结构化理论以及产生自 20 世纪 80 年代之后的新功能主义、沟通行动理论、结构化理论、实践社会学理论、理性选择理论、互动仪式链、后现代主义等当代社会学理论，有助于我们正确认识和准确理解各国家的社会结构、性质，有助于我们了解该国家的社会现象，即语言和文化。因此，在日语教学过程中，社会学的理论对语言教学以及语言文化教学有重要指导意义。

此外，社会学要求教学集体的和谐，师生和谐，学生间和谐，教师间和谐，教师与学生家长的和谐，学生和家长的和谐。这些和谐是指心理上、认识上、情感上、行动上的和谐统一，和谐理论是学校教育、语言交际、语言学习理论的基础理论之一。

（六）日语教学法与人类学

语言是人类社会生活不可缺少的一个部分。现代语言学主要来源于两大传统：语文学传统和人类学传统。语文学传统从比较语言学和历史语言学开始，根据文学作品和书面文献的研究对语言进行分析和比较，强调语言的自然属性，把语言看成一个封闭的、独立的系统，把语言学看成一门横跨人文科学和自然科学的独立的边缘科学；人类学传统指运用人类学方法去研究没有书写系统和文字传统的社会集团的语言，即把语言学看作一门社会科学，把语言置于社会文化的大环境中研究。人类语言学的研究传统诱发了文化语言学的出现和兴起，通过从文化的角度来考察语言的交际过程，语言学家们发现人们在语言交际过程中不仅涉及语言系统，而且涉及同语言系统紧密关联并赖以生存的文化系统。

从人类文化学角度研究日语教育问题，就要求我们在教学中要注意文化交叉问题。在语言中教文化，在文化中教语言，二者要相互促进。文化是日语学习的目的，又是日语学习的手段。中日文化有差异也有相同之处，日语学习的一个重要任务就是在语言学习过程中达成跨文化理解。从文化的角度学习日语，语言情景和功能的问题就会迎刃而解，交际的目的也容易实现。

（七）日语教学法与系统科学

系统论是把认识对象作为系统来认识。日语教学法的认识对象是日语教学，把日语教学看作系统，则必然要采用系统论的方法处理日语教学的有关问题。

系统是由许多相互联系和相互作用的部分（要素）按照一定层次和结构所组成并且具有特定功能的有机整体，所以系统就是整体。在教育科学中，人们长期研究学生、教师、教材、班级等教学组成部分，说明人们思想中还没有把教学作为一个整体对待。在应用语言学研究中，人们专注于语言教学的客观性，较少触及学习主体，基本不谈教育环境，这违背了外语教学的基本规律。所以，强调日语教学是一个系统，这是基本的教学观点。

从系统论的观点出发研究日语教学法，有以下意义：第一，有助于教师准确把握教育目标，明确日语教育是学校教育中的一个要素，要服从教育的整体目标；第二，有助于教师明确教学任务，不能只管教不管学；第三，有助于指导教师宏观把握教学内容，不是只了解某一课、某一册书，而是要建立系统的知识结构，明确册、课是教材的要素、子要素，而教材又是教学的要素；第四，有助于教师克服语言环境困难，利用现有教学条件，不断提供外在语言环境体系系统，为学生学习创造条件。

（八）日语教学法与现代教育技术

教育技术是指对学习过程和学习资源进行设计、开发、运用、管理和评价的理论与实践。教育技术的研究对象是学习过程和学习资源。教育技术有三个基本的属性。第一，教育技术是应用系统方法来分析和解决日语学习问题的过程，其宗旨是追求教育的最优化。第二，教育技术分为有形技术和无形技术两大类。有形技术是指利用自然科学、工程技术学的成果，把物化形态的技术应用于日语教育，借以提高教学效率的技术，它包括从黑板、粉笔等传统的教具到多媒体计算机及网络等一切可以利用于教育的器材、设施、设备等及相应的软件；无形技术主要指利用教育学、心理学、系统科学、传播学等方面的成果以优化教育过程的技术。第三，教育技术依靠开发、利用所有的学习资源来达到自己的目的。学习资源分为人员、材料、设备、技术和环境，这些资源主要来自两方面：一方面是专门为日语学习的目的而设计出来的资源，如教师、课本、计算机课件、投影机、教室、操场等；另一方面是现实世界中原有的可被利用的资源，如报刊、展览、影视、生产现场、竞赛等。

现代教育技术是把现代教育理论应用于日语教育、教学实践的现代教育手段和方法的体系。包括以下三个方面：一是日语教育教学中应用的现代技术手段，即现代教育媒体；二是运用现代教育媒体进行日语教育、教学活动的方法，即媒体教学法；三是优化日语教育、教学过程的系统方法，即教学设计。随着网络的普及，微课、慕课、翻转课堂、在线学习等已经逐步出现在日语教学活动中，现代教育技术对日语教学的影响作用越来越不容忽视。

第二节　日语教学手段

一、教学手段概述

教学手段是教学活动的组成要素之一，任何教学活动都离不开一定手段的支持和配合。历史上教学的演化和发展，可以说是科技发展与教学手段更新的结果。教学手段的发展经历了口头语言、文字和书籍、印刷教材、电子视听设备和多媒体网络技术等五个阶段。一般把前三者称为传统教学手段，把后两者称为现代教学手段。教学手段始终处于不断发展、不断丰富、不断完善的过程中。随着现代科学技术的发展和对教学认识的深化，教学手段还将继续发展，今天所使用的各种教学手段将会被更先进的教学手段所代替。

在人类教学史上，最早的教学手段就是人自身的活动，如口耳相传、亲身示范等，主要是通过语言，并辅之以表情、动作来传递知识和经验。文字和书籍的出现、造纸和印刷术的发明，促进了教学手段的重大进步，使得教学活动能够摆脱个人直接经验的局限，学习以书本知识、理论知识为主的间接经验。这使学校的规模空前扩大，教学效率得到了很大程度的提高。在此背景下，班级授课制得以确立并逐渐取代了古代的个别教学。随着科学技术的发展，十六七世纪以来，教学手段日益呈现出多样化的发展趋势。除书籍外，粉笔、黑板、教鞭、模型、标本等开始进入课堂教学。在新的教学组织形式下，教师面对更多的学生进行授课，集体传授知识，获取间接经验成为学生学习的主要形式，教学效率的提高促进了普及义务教育的发展。在很长一段时间内，"一支粉笔、一本教科书、一块黑板"被称为传统教学手段的"三要素"。

现代化教学手段一般是指电化教学手段，它还可细分为电化教学手段、多媒体教学手段和现代教育技术手段。现代化教学手段的发展在教学领域掀起一场新的革命，幻灯机、投影仪、录音机、录像机、电影机、电视机、VCD 机、DVD 机、计算机、闭路电视和语音教室的出现，大大加快了现代教育的进程，使教学手段、教学模式及教学组织形式呈现出多样化的发展格局。特别是电视教学、网络教学等远程教育的兴起，使得教学活动不再局限于课堂之上，教学方式也发生了根本变革。电化教学是指利用声、光、电等现代化科学技术辅助教学。电化教学的出现，使许多过去在教学活动中无法办到的事情都变成了现实。电教媒体不受时空限制，可以化抽象为具体，从具体导入抽象；可将历史事件活现于眼前，也可把将来的发展展现于此刻；可将宇宙中最宏大或最细微的事件、物体、人物以至个性、结构等，活生生地展现在学生的眼前、耳边，为学生提供逼真的交际情景、言语，使学生感到置身于真实的言语运用活动之中，而不是处在人为的学习环境中。借助各种电化教学手段，人的感官被"延长"了，从而能够更广、更深地认识宏观、微观、动、静、快、慢的各种事物和现象，甚至造成一种心理上的假象，使学生犹如置身于自然的语言环境之中，而消除许多心理障碍，提高学习的积极性。随着计算机技术在教学中得到推广及应用，出现了"计算机辅助教学"和"计算机管理教学"等应用模式，与电化教学手段相结合，发展成为了多媒体教学手段。这里所说的多媒体教学通常是指计算机多媒体教学，是利用多媒体计算机，综合处理和控制符号、语言、文字、声音、图形、图像、影像等多种媒体信息，把多媒体的各个要素按教学要求进行有机组合并通过屏幕或投影机投影显示出来，同时按需要加上声音的配合，以及使用者与计算机之间的人机交互操作，完成教学或训练过程。随着个人电脑的普及、网络技术和多媒体技术的发展，建立在信息技术平台上的"人机教学"、网络教学等现代教育技术手段迅速发展，并取得了较为显著的成果，引起人们的广泛关注和研究兴趣。多媒体网络技术在教学中的应用，是现代教学手段的显著标志。

二、传统教学手段

（一）传统教学手段在日语教学中的应用

目前，在高校日语课堂中，电子多媒体教学手段已经占据越来越重要的地位，这是一个不容否定的事实。为了实现教学效果的最大化，将文字、图片、声音、动画等多种信息载体合理编排成电子多媒体课件，也已经成为教师们的自觉行动。在这种情况下，传统教学手段的作用却正在受到有意或无意的忽视。诚然，现代教学手段具有很多传统教学手段无可比拟的优越性，但这并不代表传统教学手段可以完全被其取代。

日语作为一门语言，既包含语言知识也包含语言技能，所以在课堂教学中既需要教师讲解大量语言知识，又需要教师不断地训练学生的语言技能。在教学过程中，语法-翻译法是教师经常采用的教学法，即以讲解语法为核心，以翻译为手段，通过语法的学习来帮助阅读和翻译，利用翻译进行操练。其教学模式是：讲授词法和句法，再采用演绎法讲授语法规则，提供例句，然后做大量的翻译练习，学生通过母语与日语的互译来掌握语法规则并记忆词汇。在这个过程中，以教师的讲授为主，教师的主导作用显得尤为重要，所以，单纯依赖电子幻灯片的机械演示难以达到预期的目标，而传统教学手段的优势却可以得到充分的体现。

1. 适度的板书

在课堂教学过程中，学生的注意力不可能一直保持在一个稳定的高水平上，常常会有起伏波动。如果缺乏良性的刺激和诱导，烦闷厌恶的情绪将包围学生。因此，教师应当努力创造一种错落有致的课堂韵律，做到详略得当、重点突出，在课堂上形成一个又一个的兴奋点。而一个条理清楚、重点突出的板书则显得尤为重要。大学里的一节课多是两个课时，有的甚至是一整个上午或一整个下午都在上同一门课，也就是四个课时，如此长时间的听课过程，学生很难时时刻刻与教师的思维进度保持一致，所以应将一节课划分为几个时间段，每个时间段里讲什么内容，教师应该做到胸有成竹，进而将其体现在板书上。如此一来，教师每讲解一个知识点就会在黑板上写出其中的重点、难点，学生即便是有短时间的松懈也能够准确地知道课程进行到哪里了，刚刚老师讲的重点有哪些。此外，教师写板书时，学生的眼光将跳出投影屏幕的固定区域，或者意识到自己的走神现象，随之去追随教师的手势，甚至会不自觉地念出教师写出的词语，从而出现新的兴奋点，提高注意力，并加深对教学内容的理解。当然，板书要注意适度，其设计原则应该是只体现重点、难点，如果板书较多，既浪费了课堂教学时间，又模糊了重要知识点和普通知识点。而且教师在进行板书时，可以使用一些固定的课堂用语，来提醒学生这部分内容应该格外注意。另外，一些难度较大的词汇体现在板书上，也有利于加深学生的记忆。

2. 高超的语言艺术

日语作为一门语言，本身就充满了艺术性，其教学过程中所体现出的高超的语言艺术一般是指教学语言准确、幽默有趣、有节奏感、有启发性和逻辑性。教学语言准确与否必须要符合要求。准确的含义有两层：一是指外语教师本身发音的准确，不可有偏差；二是指语法概念的揭示、问题的分析、内容的阐述等都必须讲究语言的准确表达形式。外语教学就是要有一个严谨周密的语言传递，要保证这一点就应该注意几个方面的问题：一是课堂语言设计周详细致；二是悉心研究关键和要害处的语义明晰度的表达技巧；三是语言的严谨应立足于语言表达的实际效果；四是严谨的教学语言必须无懈可击。语言的幽默感是一个称职的教师应当具备的素质之一。很多学生在课堂上都会有枯燥乏味的感觉，而幽默有趣的教学语言则是调节课堂氛围、调动学生积极性的一剂良药。因此，教师要抓住学生们的心理特点与需要，结合所授课的内容，有的放矢地选用一些格调清新的材料穿插讲解，以此来活跃课堂气氛，提高学生的学习兴趣。幽默虽属有效的教学技巧，但一节课内不宜过多，以免学生过于关注幽默本身；应该尽量结合教材内容，寓教于乐，寓教于趣。在这个前提下，将幽默有趣的语言适时、适度地加以运用，使教学中的语言形象生动，活泼清新，才能起到画龙点睛、锦上添花的作用。语言的启发性是指教师通过自己的富有思想和哲理的语言传递，使学生能够积极思考，善于提出问题。这是一种激发学生产生积极意识的重要方法。当然，这里还存在一个启发的深度和广度问题。日语语言本身既是日本文化的一个组成部分，又是日本文化的重要载体，它的形成实际上就是日本民族长期的文化发展、宗教信仰和历史演变等因素的多格局积累的产物和标示。因而对学生来讲，日语是外语，也是一个新奇的、待涉猎的文化空间，日语及日本文化的学习是一个由点到面、需要长期积累的过程。所以恰到好处的语言启发，不仅可以增加学生对所学内容的兴趣，拓宽学生的知识面，而且可以促使学生对所思考的疑难问题进行多角度的深入理解与探讨，自觉地发现中、日语言在文化上的异同，实现学习的正向迁移。语言的逻辑性要注意思维的条理性，要巧妙安排每一过渡，这样思路才能井然有序，讲起来才能主次分明、条理清楚，学生才可顺藤摸瓜，层层深入，透彻理解。而教学语言的节奏也是一个不可忽视的重要因素。教师的教学节奏是否和学生的心理活动协调一致非常重要。如果老师的声音抑扬顿挫、语速快慢得宜就更容易在学生的大脑皮层上形成兴奋点；反之，如果一节课从头到尾，老师的语速、声音都没有什么起伏，学生就会感到单调乏味，注意力也就难以集中。长期这样下去，学生学习日语的积极性就受到了影响。

3. 丰富的图书资料

我们用"学富五车"来比喻一个人学识渊博，就是说一个人读书越多，他的知识储备就越丰富，所以，图书资料对于学生来说尤为重要，且不论科技发展到何种程度，现代化的教学手段有多么丰富，图书资料都是永不过时的重要教学手段和学习手段。课堂教学中，教材是教师进行教学的主要依据，它为教师备课、上课、布置作业、学生学习成绩评定提供了基本材料；同时，也是学生获得系统知识、进行学习的主要材料，是学生进行预习、复习和做作业的重要参照。除教材之外，其他日语相关资料，如专业期刊，专业著作，日本文学、历史类书籍等也都是学生进行学习的重要资料，教师也可以从中选取合适的内容进行辅助教学，充分利用教材之外的图书资料是拓宽学生知识面、开阔学生视野的重要手段，也是学生发展智力的重要工具。

4. 课外实习

"纸上得来终觉浅，绝知此事要躬行。"任何专业理论知识的学习都需要实践的检验，日语作为人们进行交流的工具，更加注重其实际运用的能力，所以，课堂之外的实习既是学生对自身语言运用能力进行考察的重要手段，也是提高日语应用能力的重要途径。实习可以使学生通过实践的检验，看到课堂教学和自身知识、能力结构的缺陷，找出自身知识储备和能力与实际要求的差距，主动查缺补漏，调整知识和能力结构，培养学生不断完善自身理论知识、提升实践能力的进取精神，激发学生的学习积极性。通过把知识运用于社会实践帮助学生巩固和深化在课堂上学到的知识，锻炼实际应用能力。通过短期的实习，学生对毕业以后即将面临的社会有了些许了解，也增加了一定的工作经验，可以将其作为参考，以选择自己毕业后的工作道路，做好进入社会的准备。通过课外实践，学校可以深入了解学生素质、课程设置、教学与管理等方面与社会要求不相适应的地方，主动推进改革，有利于学校及时调整培养目标和教学计划，在与社会实际的紧密结合中，寻求高等日语教育的发展与突破。

（二）传统教学手段的优势

以班级授课制为标志的传统教育在人类教育史上是一个巨大的进步，它满足了工业化社会对智能劳动力的大量需求，是人类文明的继承和发展。而教学活动是一个"以学生为主体、以教师为主导"的互动过程，学生在接受知识的过程中所表现出来的情绪反应、兴趣特点、理解程度以及教学环境变化等等，教师在备课过程中无法完全预料到，在这种情况下，无疑对教师的应变能力提出了更高的要求，与电子幻灯课件的事先准备和机械演示相比，传统教学手段具有更多的优势。

1. 有利于发挥教师主导作用

在传统教学手段下，教师更能发挥教学活动中的主导作用，有利于科学知识的系统传授以及讲课的艺术、情感充分展示；教师的个人特长、个性化教学风格与学科教学内容的有机结合，往往有相得益彰的功效，能直接影响学生。传统教学多使用语言讲授知识，虽然不够直观，但完全可以做到绘声绘色、生动传神，在教学过程中或因教学内容、或因学生提问、或因师生互动，需要教师临场突发教学灵感，在没有视频的定格和先入为主的情况下，教师更能凭借语言魅力、肢体艺术、广博知识给学生留下烙印，以补充既符合当时教学情境又能产生意想不到的奇妙教学效果的教学内容。这种情形下，传统教学比多媒体教学更适合也更方便促进学生健康情绪、情感的发展。教师高尚的思想认识、道德观念、行为举止是学生学习的榜样；教师的品行、人格力量对学生潜移默化的影响，有利于学生健康品德与人格的形成；教师对教学过程的直接控制，可以随时调整课堂氛围，对教学质量有相对的保证作用。

2. 有利于提高教师素质

相比于多媒体教学而言，传统教学手段对教师的主导作用要求更为明显，而主导作用的发挥要求教师具备较高的、多方面的基本功。这些基本功表现在：教师不仅要有较高的文化素养和扎实的专业理论功底，还要有较好的书写能力（包括钢笔字、黑板字、汉字、日本文字等）、语言表达能力、逻辑思维能力和广博的知识结构等。这既是一个教师最基本的素质要求，也是传统教学手段中最值得肯定和传承的内容。

优秀的传统教学手段，无论是对教师素质的提升，还是对学生文化素养的培养，都是不可或缺的。一方面，从教师一堂课所表现出来的书写能力、板书设计、语言表达、专业能力、理论功底等，可以反映出其所具备的基本功，同时还能检验教师的教育素质、文化素养、教育能力，以及教师的课堂组织教学、教学水平、教育质量，对学生起到言传身教的感化作用和潜移默化的启发作用。另一方面，教师所具有的扎实基本功会使得课堂教学艺术表现得淋漓尽致。例如教师在讲授语法或较难词汇时，如果教师博览群书、视野开阔，能够通过著名文学作品中的句子，对相关语法或词汇的用法进行精辟解读，那么无疑会让学生理解得更为透彻、印象更为深刻。

3. 使教学内容更具有针对性

课堂教学中，虽然以教材内容作为授课的范围和依据，但任何一本教材都不可能涵盖相关知识点的方方面面，所以，教师必须从教材以外的资料中选取与讲授内容相匹配的知识点，进行整合，为学生呈现出一个完整的知识面，这其中也包括实例的分析。然而，网络上现有的资源很难满足这一需求，即使有相关的资料，也只是其中一个点或几个点是教师授课所需要的，比如一段视频，可能需要学生花 10 分钟看完，但其中有用的信息可能用几句话就能概括。这种情况下，如果教师采用传统教学手段，用自己的语言将此类知识点直接传递给学生，不仅提高了课堂效率，其针对性也更为显著。再如，日语中的格助词有时等价于汉语中的某个介词；有时则在汉语中找不到对应词，有时汉语中的一个介词又对应不同的格助词，总之无法用一种模式去套，显得变化多端。另外，由于汉语和日语中的动词词性并非完全对应，所以汉语中的动宾结构到了日语里可以对应不同的格助词，这也是让学生很头疼的一件事情。所以，教师在讲解格助词的各种用法时，如果能够将该动词的常见格搭配都列举出来，并把这些搭配中常见的名词或名词类别（比如表示地点的名词、表示有生命物体的名词等等）也包括在内，以程式语的形式展示给学生，学生就会觉得更加清楚，也就更容易理解、掌握了。这样，学习者在看到某个动词时就会自然联想到其惯常搭配的格助词，再联系前面的名词进行综合判断就不容易用错了。这种授课方式需要教师在备课时做大量的工作，也需要教师具有扎实的专业知识，但他较强的针对性和课堂效率却是现成的网络资源所无法比拟的。

4. 有利于提高学生学习积极性

在传统教学手段下，更适合互动教学。在教师主观能动引导下，提高学生学习积极性，增强学生的学习兴趣，活跃课堂气氛，引领台上、台下教与学的互动与共鸣。前苏联著名教育家苏霍姆林斯基说过，在每一个年轻的心灵里存放着求知好学、渴望知识的"火药"。就看你能不能点燃这"火药"。而学生的兴趣和积极性就是点燃渴望知识火药的导火线，在教师和学生的互动过程中，如果教师具有较高的教材驾驭能力，知识面广，专业理论扎实，授课过程中的讲课艺术炉火纯青、传授信息信手拈来、引经据典出口成章，必然会引起学生的兴趣，带动学生的思维，使学生积极地参与到课堂学习中，从而产生意想不到的教学艺术和教学效果。这既体现了传统教学手段较高的艺术境界，又营造出轻松、活泼、热烈的课堂氛围，使学生在与老师的互动中最大程度地参与到课堂教学中，提高学习的积极性。

（三）传统教学手段的弊端

传统教学手段在教育发展史上起到了重要作用，教师们凭借一支粉笔、一块黑板、一本教科书在三尺讲台上育得桃李满天下，为社会的发展提供了源源不竭的推动力。各行各业都不乏震古烁今的精英人才，如物理学家牛顿、爱因斯坦，化学家拉瓦锡、道尔顿，经济学家亚当·斯密、凯恩斯，文学家鲁迅、海明威等等。但是，随着科学技术的进步以及教育规模的不断扩大，传统教学手段已不能满足社会发展对教育的要求，传统教学手段的弊端也逐渐凸显出来。

1. 教学手段单一，课堂效率不高

在传统教学过程中，教师传递知识的途径主要是口说形式并配以一定的板书和教具等辅助手段，使教学过程过于单调，严重缺乏形象、直观、立体的教学特点，容易使学生在学习过程中，产生听觉、视觉等感官上的疲劳，而导致学生注意力分散。此外，教师在课堂上花费大量的时间进行板书，学生则要花费大量的时间来记录课堂笔记，使得单节课所能讲授的知识量非常有限。另外，传统教学在教学方法上是重接受、轻探究，重用脑、轻实践，重记忆、轻应用，重结果、轻过程，使得知识只能以孤立的形态而不是以相互联系的形态为学生所接受，而日语作为外国的语言，其所蕴含的文化对学生来说本来就是陌生的，如果只是一味地灌输日语语言知识，而不加强学习过程中的实际操练，则很难真正掌握这门语言。再者，传统课堂教学刺激单一、内容封闭、资源缺乏、交互不足等缺陷，使得教师和课本成为学生所能接触到的唯一学习资源，学生主体作用得不到充分发挥，学生创新能力的发展受到制约。如果教师的文化素养不高，知识面狭窄而又缺乏幽默感，则很容易使教学过程落入一种空洞、枯燥、乏味、说教的俗套中，导致课堂气氛沉闷，学生兴趣降低，课堂效率不高，出现"费时低效"的现象。

2. 缺乏语言环境，不利于听说能力的提高

日语教学的目的，不仅仅是要向学生传授语言知识和日本文化，更重要的是培养和提高学生运用日语进行交流的能力。所以，教学过程中必须使学生多接触日语，进行系统的听说训练，培养和提高学生的听说能力。然而，传统课堂教学中，学生所能接触到的日语只有教师的口语，且不说有很多老师并非全程用日语讲课，即使教师在课堂上全部用日语与学生沟通交流也依然难以满足学生对于日语语言环境的需要。这是因为教师的专业水平参差不一，他们对日语技能的掌握也并非面面俱到，所以难免存在着发音、语调不够标准、知识点衔接得不够灵活等诸多问题。而且，仅仅接触到一位或几位老师的口语，也不利于学生从中揣摩不同语境下语调及语法的变化。再者，走出教室之后，学生所接触到的周围环境中全部是汉语对话，即使同学之间相互练习，用日语交流，也不知道自己的发音是否全部准确，语法使用的是否都正确。所以，由于缺乏良好的日语语言环境，学生听、说能力的提高受到很大的限制。

3. 学生的自检、复习受到限制

传统课堂教学中，教师以教材为依据，以板书和口头讲解为主要教学手段开展教学活动。与之相对应的，学生课后的复习与自我检测就只能依靠课本、课堂笔记和对教师课堂内容的回顾。实际上，教师的授课内容和板书内容都是来源于教材，拓展知识很少，所以学生所记载的笔记大多为概念性的东西和某些问题的疑点。如此一来，课本、笔记成了记忆的仓库和答案集锦，而对知识点的演变和不同语法之间的联系、变通却忽略了，这无疑给课后复习造成不良影响。而日语学习本来是一个动态的听说过程，在此模式下却变成了静态的记忆过程。另外，由于课堂时间相对比较紧张，学生在记录笔记时会出现跟不上教师进度的情况，对于某些知识点的记录就会出现错漏、混乱的问题，如果课堂上又没有理解透彻，这无疑给课后复习和笔的整理带来了更大的难度，甚至是误导，也延长了学生对问题理解的时间，进而降低了学习效率和学习质量。

4. 不能适应个体差异，影响教学质量

传统教育的最大弊端就是很难适应学生的个别差异。随着教育规模的扩大，各大高校面临着学生多教师少，教学设备、资源不足等着诸多问题，为了顺利完成教学任务，扩大班级规模成为主要方法之一。班级规模的扩大意味着教师精力的分散，本该重点培养学生创造力和自主学习能力的大学教育也沦为与中小学"填鸭式"的教育模式。在大学课堂上，教学方式没有大的变化，但教师对学生的掌控力却大为降低，学生兴趣和智能方面的差异也进一步扩大，且这些差异不仅表现为是否有某些方面的特点，也表现为同一特点的不同水平。在这种情况下，"一刀切"的传统的教学方法，不仅忽视了学生的个性特点，也忽视了学生的心理发展水平。多年来的教育实践已证明，对学生在获取知识方面所采取的方法应该有所不同。这是因为学生消化同一知识所需要的教育形式、时间、精力有所差异。但是传统的教学方法很难做到这一点，教师的教学只能针对全班学生的平均水平，对于水平较好的学生和较差的学生都难以照顾得到，长此以往，水平较高的学生会觉得学习没有挑战性和成就感，进而失去学习的兴趣，而水平较差的学生则会觉得学习内容晦涩、枯燥，失去学习的信心。另外，学生的学习稳定性与其兴趣如何有直接关系，有的对理论和规律性的知识感兴趣，有的对具体的知识和有鲜明实践意义的知识感兴趣。其实，无论哪一种情况，就学生心理而言，除了一些社会因素外，只要学生对教育方法本身有了广泛的兴趣，就会潜移默化地转移到所学科目上来。而传统教育对这些个别差异很难个别提供辅导机会，使得学生的兴趣被压抑，以致各种兴趣无形中淡化、消失。而学生的观察力、逻辑思维能力、空间想象力等不是一朝一夕所形成，也不是一朝一夕能改变，它是社会教育、家庭教育、学校教育综合的产物。学生的注意力有强有弱，知觉有客观型、主观型，记忆力有视觉型、听觉型、运动型等，面对如此错综复杂的个别差异，教师在运用传统教学手段进行教学活动时只能是心有余而力不足，教学质量也受到严重影响。

三、现代教学手段

（一）现代教学手段在日语教学中的应用

现代化教学手段是指在现代信息技术条件下，以计算机为核心的现代信息技术（包括多媒体计算机技术和网络通信技术）在教学领域中应用的各种方法、形式的总称。它是在传统教学手段基础上发展起来的，其涉及面相当广泛，包括投影仪、幻灯片、录像资料、音像材料、三维动画、多媒体课件、课堂教学软件、实验软件系统、教学行政管理系统等。根据其出现的时间及现代化水平，又可以将其分为早期现代教学手段（如投影仪、幻灯片、录音机、录像机、VCD 机等）和新兴现代教学手段（如多媒体教学、网络教学等）。根据其对使用对象感官刺激的不同，可分为视觉类教学手段、听觉类教学手段、视听觉类教学手段、交互类教学手段、多媒体教学手段。视觉类教学手段是指通过形象呈现信息供学习者视觉器官接受和感知，即需要用眼睛来完成信息的接收，如早期的幻灯、投影和实物投影等即属此类。听觉类教学手段是通过声音呈现信息，需要学习者用耳朵来接收信息，如录音机。视听觉类教学手段就是前两者的结合，如录像机、VCD 机等。交互类教学手段是指在媒体和使用对象直接构建起信息传递的双向通道，使双方可以相互作用、相互影响，如程序教学机器、计算机等。多媒体教学手段是随着科学技术的发展和人们对传播媒体的广泛应用而产生的一个术语，通常是指两种或两种以上媒体的优化组合，即两种或两种以上教学手段的优化组合。

与传统的教学手段相比，现代化教学手段具有显著特点：一是教育信息传播距离远、传播速度快、传播面积更为广泛；二是教育信息存储方便、信息量大、形式多样；三是教育信息的处理快速、准确、到位；四是教育资源得到全面开发、利用、显效，实现了图文并茂、动静兼备、声情融合、视听并用的逼真表现效果。所以，与传统教学手段相比，现代教学手段具有无可比拟的优越性，自问世以来，在教学活动中迅速普及，受到教师和学生的广泛欢迎。

1. 幻灯片、投影仪

幻灯、投影媒体都是通过投射画面来传递信息，能够直观、形象地再现客观事物或现象的静止、放大的图像，为学生提供形象、直观的事物形象和感性材料。幻灯、投影媒体的放映，不受时间的限制，完全由教师根据不同内容与对象，在课堂上灵活操作和讲解，可深、可浅、可长、可短，而且由于制作简单，操作方便，价格低廉，教师能自行设计与制作，容易普及推广，从而被广泛应用于教学领域。

投影媒体除了能够呈现图像、图表资料外，还能用于呈现书写工整的文字，以代替板书。所以，教师可以将讲稿提前写在透明胶片上，上课时在投影讲稿的导引下边讲授边演示，逐步展开教学，这就使课堂教学在一定程度上摆脱了时间限制，减少了板书时间，提高了课堂效率。但是，由于幻灯、投影媒体只提供视觉形象，在教学运用时必须善于与语言相配合，才能更好地发挥作用。所以，教师必须精心备课，设计出条理清楚、重点突出、前后衔接自然的讲稿，对于什么时候提问，什么时候展示讲稿，哪些内容事先在胶片上写好，哪些内容边讲边写等问题都要反复斟酌、仔细考量。

2. 录音机

录音机的出现对外语学习产生了重要的影响，特别是随着盘式录音机向卡式录音机、随身听、MP3 的转变，人手一台录音机在外语学习者中成为普遍现象。录音机的使用让学生接触到除教师以外的人的日语口语，而且大多数还是日本人的口语对话，这就使课堂教学摆脱了空间的限制，扩大了信息传递的范围，为日语学习者提供了前所未有的日语语言环境，对学习者听、说能力的提高极为重要。录音的大量使用对学生的预习、学习、复习和练习都起到了关键性的作用。在录音运用较多的课程中，如精读、视听、听力等等，听录音一度成为日语专业学生主要的课外作业。而 20 世纪 90 年代末出现的复读机可以说使卡式录音机达到了最佳使用效果，学生不仅可以听现有的日语音频资料，而且还可以将自己的口语练习录下来，反复地与标准发音、语调对比，寻找口语存在的不足，进而加以改正，使自己"说"的能力更加接近日本人的口语。

3. 录像机、VCD 机

录像机又叫磁带录像机，是一种记录、储存、重现声像信息的装置，能把景物的图像和声音信号同时记录在磁带上，又能从磁带上把景物信号重放出来。它是磁记录技术、电子技术和精密机械制造技术综合发展的产物。20 世纪 80 年代以来，录像机开始进入家庭，录像软件中也有不少可适用于语言教学的内容，例如在日语教学中，可就一个专题（如加敬语）使用、被动态、使役态等进行生动演示，使学生从抽象的讲解中解脱出来，获得听觉、视觉的综合效果。这种动感画面配有声音的传媒方式，可以生动地再现所需场景，使学生获得逼真的语言环境。加之其操作简便、性能稳定、磁带可以重复使用等众多优点，一度取代了幻灯机而被广泛用于教育教学领域。

VCD 机作为激光影碟机的一种，在原理上与 CD、DVD 基本一致，所以后来出现了 CD、VCD、DVD 兼容机。录像机和 VDC 机都可以带给学习者听觉和视觉的双重刺激，但 VCD 光盘具有不易磨耗、易检索、音声画质更好的特点，所以 20 世纪 90 年代后期 VCD 光盘又开始逐步替代录像带。

4. 教育电视系统

教育电视系统，实际上就是将普通的电视系统应用于教育教学领域，也将其称为教育电视系统。按照信号传输的方式，教育电视系统可分为开路教育电视系统和闭路教育电视系统两类。开路教育电视系统指通过无线电波将发送端的信号传送到接收端，包括广播教育电视、卫星教育电视，特点是覆盖范围广、信号容量大，适合区域性的国家教育电视台及各级教育电视台采用，向全国或区域播送教育电视节目。闭路教育电视系统，又称有线教育电视系统，特点是覆盖范围小，适用于以自播节目为主的教育电视台。所以，学校教学过程中多采用闭路电视系统。教师根据教学内容及教学计划，在课堂教学中直接利用电视教材和播放设备，以穿插播放的形式进行辅助教学，及时解决教学中的重点和难点。播放什么内容，什么时间播放，播放多长时间，播放次数等均可以由教师根据需要及实际情况而灵活地选择和控制，这种教学方式不仅能使课堂教学更加灵活有趣，容易激发学生强烈的学习兴趣，而且能更有效地发挥教师的主观能动性，使学生在轻松愉快的课堂氛围中加强对教材知识点的理解，获得良好的课堂教学效果。

5. 语言实验室

语言实验室是一种从单一电声媒体发展成具有多媒体特性的系统，是现代教育手段综合运用的重要成果。它是由以录音机为主的音响设备、电视机、计算机设备和控制设备等装配起来的用于语言训练和教学使用的专用教室。由于现代国际间交流的频繁，对各国语言的掌握越来越显得重要，对语言教学中听力、口语、翻译等能力不断提出新的要求，为了在短时间内使语言学习达到教学要求与社会需要，语言实验室应运而生。所以说，语言实验室是专门为了适应于外语教学的发展而产生的，所以与一般的视听觉教学媒体相比具有更多的优越性。例如，利用语言实验室，教师可以进行集体教学，也可以进行个别化教学，尤其是个别化教学功能不仅可以使不同水平的学生选用难易程度不同的教材，教师通过监听学生的学习，有针对性地个别通话辅导，实现因材施教，而且可以有效地克服教师对个别学生指导或训练时其他同学处于消极被动的旁听状态，避免了相互间的干扰，让所有的学生在整个教学过程中都处在积极参与的状态，提高了单位课时的利用率。此外，语言实验室为学习者提供良好的自学环境与自学条件，学生除接受教师的直接指导外，还可进行自我比较的学习。由于座位的隔断，阻碍了师生之间、生生之间的视觉联系，对于初学者来说在很大程度上消除了心理负担，让学生敢于开口尝试，不断进行反复的听说练习，能够充分调动其学习的积极性和主动性。由于上述诸多优点，语言实验室一经问世立即引起外语教学的青睐，但是由于成本相对较高，未能形成普及之势，所以是否配有语言实验室一度成为一个学校综合实力的标志。随着科学技术的飞速发展，各种现代化的视听设备逐渐丰富，以计算机为主的学习反应分析器也被引入语言实验室，语言实验室的教学功能也得到进一步的增强。

6. 多媒体教学系统

现代多媒体教学系统是以计算机为核心的可综合储存、传输、处理和运用多种媒体进行教学的系统。随着计算机及其网络的迅速发展和普及，多媒体计算机在教学中以其特有的方便、快捷、交互性、多样化的教学信息表达方式备受青睐。多媒体教室是教育现代化的标志之一，在现阶段的教学中被广泛使用。它的出现，把教师从传统的"黑板＋粉笔"的教学模式中解放出来；借助多媒体设备，可以从视听的角度提供给学生更多、更有趣的知识和信息，扩大学生的知识面；利用动画技术和影视技术可以使抽象的概念、深奥的理论简单化与直观化，以有利于学生理解、吸收。利用多媒体教室进行教学，能更好地突出重点、突破难点，促进学生学习。日本东京大学教授坂垣昂在分析教育技术中的几种变化时指出，对媒体的使用将由单一媒体向复合媒体发展，由单一功能向多媒体功能发展。所以，一套网络化的日语教学系统，应该兼顾教师与学生在使用上的方便性。这对于快速提供日本社会文化的咨询，增加教师在教学方法方面的交流，减少教师的负担，都有莫大的帮助。但是，要实现日语教育的信息化，必须构筑信息通信网络和日语教学资源库。教学资源库的建设是信息技术与课程教学有机融合的范例，是利用网络资源的开放性、共享性和无限性特征，获取大量丰富的优质教育资源，并把这些零散的、不完整的资源进行分类整合，构建成一个系统完善的网络教学资源数据库，教师和学生都可以通过关键词搜索、分类搜索等方式从中获取所需要的学习或研究资料，中国知网、万方数据、独秀资源等都属于此类。而更高级的教学资源库还应该具备在线讨论、交流的功能，也就是说师生之间、教师之间、学生之间针对教学方面的问题可以参与网上研讨。通过这一平台，教师可以针对学生在学习方面的困惑进行有效的指导；教师之间可以针对教学设计、教学模式、方法和手段等问题参与讨论，或者交流学术观点，以取人之长、补己之短，共同获得有效方案。学生之间可以就知识内容及学习方法、学习感受等进行互动交流，从而促进教师和学生的共同成长。根据日本国立国语研究所的信息，现在日本相关日语教育部门已把构筑卫星通信日语教育信息通信网络系统提上日程，而且是以海外的日语学习者作为主要使用对象，开发出可利用卫星通信和互联网提供的学习资源的学习程序。这个系统能依靠卫星通信，在广大范围内送出相关日语教育影像资料，同时还能根据互联网等地上的通信线路进行答疑和讨论。这一信息网络的构建将为我国日语学习者提供更多的便利。

（二）现代教学手段的优势

现代信息技术在教学上的应用，使教学手段发生了革命性的变革，教育质量和教学效果都得到显著提高。相对传统教学手段而言，多媒体及网络技术的应用的现代教学手段有更多优势。在现代教学手段下，使受教育者视觉、思维和方法都得到充分开发和利用，且由信息技术衍生出来的多媒体、电子课件等的使用，让知识的传递和教学所呈现出来的迅速、快捷、立体、直观、感性等特点发挥到了极致。

1. 节省课堂时间，提高学习效率

在传统教学中，老师的板书、教具的演示和教学挂图的张贴等等，需要占用大量课堂时间。而现代教学手段的出现极大地解决了这个问题，教师可以在备课过程中制作好课件，在课堂教学过程中运用多媒体课件动态演示，将上课内容直观、生动、便捷地展示在学生面前。如此一来，教师将板书的大部分内容呈现在课件中，课堂上所耗费的只是老师讲解和与学生交流的时间，相同时间内，教师可以讲授更多知识点，或者讲解完教学计划所要求的知识点所用的时间大为缩短。这样，就可以节省大量的教学时间，有机会增加相关教学信息，实现课堂互动，解答、讨论学生在课堂中提出的问题。学生一边眼看条理清楚的教学课件，一边耳听教师的生动讲解，或一边观看教学影片一边思考影片对话中所使用的语法知识，动静结合，轻松突破教学重点、难点，容易掌握其内在规律，完成知识的构建。现代生理学研究表明，单纯从听觉获得信息，一般只能记住 15%，如把视觉与听觉结合起来，则一般可记住 65%，所以多种现代教学手段的结合，不仅节省了课堂时间，学生的学习效率也得到极大的提高。这样形成的良性循环对教学质量的提高具有重要作用。

2. 丰富了课堂教学形式，提高学生兴趣

在传统教学中，日语学习就是每天背单词、学语法，教师单一的讲解模式，使学生始终处于被动听讲的地位，参与的机会很少。教材中虽然配了一定的图例，但由于偏重语法的学习，所以仍然是以句型练习为主，课后练习也是围绕着巩固句型而设定。大学日语与英语学习有一定的差异，大学日语的学生基本上是零起点，必须从最简单的语音、语法开始学习，学习过程比较单调枯燥。整篇课文以句型学习为主，缺乏趣味性。时间一长，学生就失去了学习的兴趣。而现代教学手段的突出特点就是课堂教学形式丰富多样，利用信息网络技术，教师不仅可以给学生展示动态的图片，还可以直接将视频、影片等带进课堂教学，如此一来，过去传统的静态的书本教材形式被拓展为由文本、声音、图像、动画等要素构成的一体化的动态交互教程。教师充分利用文字、声音、图像及漫画等多媒体技术，将过去形式单一、平面展开的教学内容变得直观、立体，从各个角度系统生动地展示日语的概貌，其文字、图像、动画、视频可以作用于视觉；旁白解说、示范阅读、背景音乐可以作用于听觉；优美的界面，激情的互动能最大限度地发挥人的眼、耳、手等器官的协同作用；丰富多彩的教学信息，能够为学生营造一个色彩缤纷、图文并茂、动静相融的教学情景，使教学内容更加鲜活生动，充分调动学生的听觉、视觉作用，提高学生学习日语的兴趣，激发学生的求知欲。

3. 创造语言环境，提高学生的听、说能力

听、说能力已成为大学日语学习中的一项重要技能，听、说水平的高低直接标志着一个学生日语水平的高低。因此，在大学日语教学中越来越重视学生听、说能力的培养与提高，而学生听、说能力的培养和提高，离不开教师的指导和良好的语言环境。

在教学实践活动中，教师要有意识地创造良好的语言环境，使学生多接触日语，进行系统的听说训练，培养和提高学生听说能力。在课堂教学中，教师应该始终坚持用日语讲课，让学生用日语回答问题，并用日语与老师沟通、与同学交流。交流期间难免出现词汇的误用或表达方式的不妥，教师应耐心指导，及时纠正。在充实于教材内容进行听说训练的时候，利用多媒体教学手段，给学生放映介绍日本历史、文化的录像或者经典影片，使学生置身于真实的日语语言环境中，增加学生通过视听觉器官直接通过影像和声音了解日本的机会，使学生能够亲身接触和体验日本人说日语时的正常语度和自然语调。教师根据录像或影片的内容就一些关键词和有关问题进行讲解，加深学生对相关知识的理解；也可以根据影片内容让学生进行自由讨论，提出一些问题或对日本文化的看法，最大限度地创造语言交流环境，让学生通过听日语、说日语来增强语感的同时，培养和提高听说能力。再比如，教师可以利用日本 NHK 广播电视局制作的学习日语软件《生活日语》，让学生学习日常生活中常用的句型之后，选取优秀的视听资料进行训练，安排学生扮演视听中的角色进行模仿对话练习。

课间休息时给学生播放一首日语歌曲并指导学生学唱也不失为一种必要的教学手段。这种练习可以使学生更深刻地体会日语的节奏感和用日语表达情感时的语感。而且学唱外语歌还可以为培养语言交际能力增添特殊的韵味和乐趣。总之，由于现代教学手段的应用，极大地拓展了教育教学的空间范围，使身在我国的日语学习者也可以轻而易举地坐在教室里听日本人说话、聊天、唱歌，置身于这样的日语语言环境中，学生耳濡目染，听、说能力自然容易提高。

4. 资源获取途径增多，有助于学生思政教育的发展

在传统的外语教学中，教学手段单一，主要是通过教师的口头讲解和纸本教材向学生传递各种语言知识，学生能够获取的学习资源非常有限，学生的学习行为只是被动的、僵化的接受，而缺乏自主学习的途径，不利于学生思政教育的发展。而现代教育技术手段的运用改变了这一现状。在实践教学中，教师可以充分使用教育技术设备，根据学生不同个性、不同层次，设置难易不同的学习内容制作成多媒体课件存储于网络服务器中，学生可以根据自己的需要随时调用学习资源。再如，一些成熟、完善的日语学习网站中，有着异常丰富的学习资源，包括词汇归纳、语法解释、会话素材、听力材料、解读材料以及大量的练习题、各种考试的真题和模拟题等等。另外还有讨论问题、交流学习心得的学习论坛。从初级阶段到高级阶段，不同水平的学习者都能从里面找到需要的学习资料。再如，各大高校公开的精品课程、精品课件、在线日语广播、日本 NHK 新闻网站也都可以成为日语学习者利用的对象，而且上述资源的获取都是由学生自主进行选择的，可以根据自身的日语水平、薄弱环节或想要突出的技能进行选择对应的学习内容，既可以满足学生巩固知识的需求，也可以满足学生查缺补漏或更高的需求，有利于充分挖掘学生的潜能，促进学生思政教育的发展。

（三）现代教学手段的弊端

任何一个新生事物的产生，对社会的影响都存在着有利和不利两方面。因为新生事物产生后，需要一个由肯定到否定，再到否定之否定的过程，在这个过程中不断发展完善，这是事物自身矛盾运动的结果。所以，多媒体、电子课件等现代教学手段的出现虽然使外语教学前进了一大步，但仍然存在着不可避免的弊端，需要不断地完善。

1. 现代教育技术使用条件较高，相当数量的教师难以达到要求

现代教育技术应用于教学，虽然对教学手段的选择提供了广阔空间，但同时也对教师提出了更高的要求。现代教学手段拥有强大的功能和广阔的发挥空间，对教师的主导作用提出了更高的要求。现代教育技术的应用要求教师：既要具有现代教育观念，又要具有丰富的教学实践经验；既要掌握现代教学理论，又要熟悉教育传播知识；既要掌握教学设计理论，又要熟悉系统科学的方法；既要掌握计算机、网络技术，又要会使用相关教学设备和数学软件；既要会制作多媒体教学媒介，又要能进行教学软件的开发和使用。然而，纵观高校的教师队伍，能达到上述要求的教师少之又少。从教师的年龄特征来看，年轻教师信息技术能力较强，易于接受新事物、新技术，但是教学能力较弱，教学经验不够丰富，面对丰富的现代教学媒介和教学资源，他们的信息筛选和整合能力明显不足；老教师教学能力较强，教学经验丰富，但信息技术能力较弱，他们知道什么样的学习资料最适合学生，怎样安排教学内容的衔接更易于被学生接受，但却难以利用网络搜集到最适合的资料，更无法熟练地运用多媒体教学设备将其呈现给学生。例如，很多年轻教师认为多媒体教学软件图文并茂、生动活泼，又具有丰富的表现力和强大的交互性，只要用多媒体课件来教学，教学效果就一定能够大有提高，于是在课堂教学中完全抛弃了板书，而以内容丰富的课件取而代之。然而，由于这些教师教学经验和信息筛选能力相对不足，以至于在给学生展示大量信息的同时，也淡化了教学的重点和难点，逼真的视觉材料中包含了过多的细节，学生难以从大量的细节中区分出有用和无关信息，许多无关信息干扰了学生对有用信息的学习。课件播放结束的时候，学生面对的是空白的屏幕，而对于本次课的知识框架和重要知识点却无法形成一个立体的印象。再如一些老教师，对于多媒体的运用也只是以 Word 文档形式将板书展示出来，与传统教学手段的区别只是将板书从黑板搬到了屏幕上，多媒体教学的优势根本无从发挥。由此可见，将多媒体技术应用于教学，有相当数量的教师难以达到要求。

2. 硬件建设经费投入大，维护费用高

现代教育技术要应用于教学，硬件建设是基础。一要建设优质校园网，构筑多媒体技术应用于教学的基本平台，同时要进行网络课程开发，实现教材多媒体化、图书资料数字化，为开展网上教学、模拟教学、交互式教学和自主学习创造条件；二要建设多媒体教室，构筑多媒体技术应用于教学的终端平台，多媒体教室包括交互式网络型多媒体计算机教室和多媒体示教型网络教室；三要建设教学信息资源库，实现教育信息资源共享，教学信息资源库建设的内容主要有网络课程建设、素材库建设、教学支持环境建设等；四要为教师配备计算机，以满足课件制作、多媒体教材编写、教学资源开发等需求。而且，这些现代教学设施的建设并非是一劳永逸的，一方面要保证校园网的安全畅通、多媒体教学设施能够正常使用；另一方面要健全各种管理制度、保证校园网建设、网络课程建设、信息资源库建设、多媒体课件制作既符合规范，又能及时更新；同时上述各项工作的完成是一项巨大的工程，无论是教育设施的硬件建设还是后期的管理维护，都需要大量的人力、物力资源投入，如果没有充足的教育经费作为保障，则往往会出现硬件设施不完善，资源更新不及时的问题。

3. 过度依赖多媒体，忽视教师的主导地位和学生的主体地位

多媒体教学的发展使得教师可以在备课时将搜集到的资料集中体现到课件中，在课堂教学过程中则根据课件内容进行知识点的讲授。这就意味着，教师的思路是完全按照课件展开的。另外，教师在备课时，为了避免时间长、内容少，出现无课可讲的尴尬，往往会准备绝对充足的讲义资料，这样一来，教师在课堂上就会被课件牵着走，而忽视了自身的主导地位和忽视学生的主体地位。教师对多媒体的过度依赖，导致课堂教学变成课件的简单播放和展示，教学速度较快，老师讲得多，学生讲得少，欠缺课堂教学的互动环节；以课件为中心，教师将全部注意力放在课件操作上，往往忽略了与学生的交流和沟通，学生成为信息的被动接受者，课堂参与的积极性大大降低；利用多媒体的强大功能，教师将大量的视听资料引入课堂，学生看得多了，听得也多了，说的机会却大大减少了，从而导致学生口语技能的降低。在多媒体环境下，教师过多地采用动画、音频、图片、展示等教学形式来解读教材内容，很容易使教师对教学内容停留在教材知识的表象演绎上，从而忽视深入剖析教材所蕴含的更深层次的知识，致使不能引导学生深入地、多角度地进行思考，从而获得多方面的知识。这对学生拓宽知识面、开阔眼界、提高思维能力与思想境界等都存在一定的局限。同时，多媒体课件等现代教学手段中过多的动画、音频、图片、演示等又容易造成喧宾夺主的现象，使学生因好奇、新鲜而将注意力长时间停留在上面，无法深入思考和理解教材内容。由此可见，如果高校日语多媒体教学中忽视了师生课堂互动的重要性，教师将本属于自己的主导作用完全寄托在课件等现代教学手段中，从而忽视学生的接受能力和信息反馈，则会适得其反，使多媒体教学陷入机械教学的困局，教学效果也会受到严重影响。

4. 学生基本素质可能受损

现代教育技术的发展和网络的开放性为学生提供了一个广阔的信息空间，然而，这一空间却没有有效的监督措施，所以在其拥有显著优点的同时，也存在疏于品德、人格教育，缺少情感教育，容易误导学生，诱发高科技犯罪等方面的缺点和弊端。网络中的信息良莠不齐，信息霸权、文化侵略等问题充斥其中，对于人生观、价值观尚不成熟的学生来说很容易产生负面影响，如不能及时正确引导、控制，排除负面信息的干扰，则极有可能造成对社会和个人的不良后果。此外，大学生过多地运用网络，依赖人机交互，容易导致对现实世界的冷漠和自我封闭，使内心越发孤僻，不但疏远周围好友也让自己的心理产生焦虑和障碍，不利于正常人格的形成。即使是以练习听力为目的的学生也往往陷入娱乐的模式中难以自拔，比如一个日语专业的学生为了多听地道的日语对话，而大量观看日剧及日本综艺节目，大量时间、精力的投入必然减少其他方面的训练，如此一来，虽然听力提高了，但其他方面的技能水平却受到了影响不利于提高学生的思政素质和道德素质。

四、传统教学手段与现代化教学手段的合理利用

通过对传统教学手段和现代教学手段各自的优势和弊端的分析，我们知道：虽然传统教学手段已不能满足现代教育的需要，但仍有许多值得肯定之处；而现代教学手段虽然具有无与伦比的优越性，但却并不是完美的，所以现代教学手段并不能完全替代传统教学手段，多媒体教学也不可能是未来教学的全部。所以，教师应该根据教育内容、教育对象和目标的不同，灵活、适度地选择应用各种教育媒体和教学手段，做到取长补短、优势互补，以发挥其最佳功效。这就要求教师在进行课堂教学时要理性地看待传统教学手段和现代教学手段，克服它们缺点，充分发挥各自优势，处理好二者的关系。

（一）教师主导作用与学生主体作用的关系

教师与学生是教学过程中两个核心要素，教师的教和学生的学是相互依存、相互作用、相互转化的矛盾统一体。现代教学理论十分强调师生之间关系的和谐，以及教学过程中师生的共同参与和互动。作为教学过程中的两个核心要素，教师既是教学活动的组织者，又是教育教学的实施者，因此在教学过程中应发挥主导作用；学生既是教师施教的接受者又是学习的主体，在教学过程中应发挥主体能动作用。对于教师来讲，因受传统教学理论和教学方法的影响，重心是围绕"教"做文章，而忽视了学生的"学"。虽然在教学中采用了多媒体等现代教学手段，但往往只是用多媒体屏幕代替了黑板板书，教师根据事先设计好的课件机械地进行解读，对学生的反应缺少灵活指导，学生不动脑地记笔记或听讲，多媒体教学成了讲稿演示。这样的课堂，教师既没有发挥好自己的主导作用，也没有认识到学生的主体地位。作为教育中的"主体"，学生应该始终是教育中被关注的主要对象。所以，教师在课堂教学中要充分尊重学生的主体性，不仅需要把教学大纲、教学内容与学生紧密结合起来，以学生为中心来定制课程，而且在授课过程中应该时刻关注学生的反应，确保学生能够跟上课堂进度，理解其中的重点、难点，鼓励学生大胆思考，积极参与，这种教学模式有利于激发学生的求知欲，调动学生的学习积极性和主动性，提高学生的学习能力，符合素质教育的基本要求。

教师的主导作用在教学活动中具有非常重要的作用，但其效果如何，是通过学生的主体地位而体现的。在教学过程中，学生和学习内容之间的矛盾是主要矛盾，这一矛盾的解决程度是教学效果的主要评价标准。而这一主要矛盾的解决既需要教师充分发挥主导作用，又需要学生的主体参与。在多媒体教学环境下的课堂教学内容无论是在广度上，还是在深度上，因信息量大而可能出现很大的灵活性。如果学生还是一味地等教师在课堂上灌输，课前不预习，课后也不复习，就会出现课堂上跟不上教师节奏的问题，顾了记顾不了听，顾此失彼。所以"主体参与"要求教师既要把学生作为学的主体，又要将其作为整个教学过程的主体，指导学生积极参与教学的全过程，充分发挥其学习的主观能动性，培养学生的自主学习精神，来达到理想的教学效果。

综上所述，在使用现代教学手段时，既要强调调动学生的主体作用，又要注意教师主导作用的发挥。目前高等教育教学改革的主要目标之一，就是要改变传统的以教师为中心的教学结构，建立一种既能发挥教师的主导作用，又能充分体现学生主体作用的新型教学结构。主导作用与主体作用是辩证统一的，是密切联系在一起的。要想充分发挥学生主体作用，必须发挥教师的主导作用。主导是为了主体的确立而不能削弱、代替或否定主体。教师主导作用发挥的水平要以学生主体作用发挥的水平来衡量。只有充分发挥好教师的主导作用，才能更好地体现学生的主体作用；反之，学生积极主动参与教学过程成为学习的主体也会促进教师的主导作用。可见师生之间相互作用、相互影响、相互促进，共同推动教学相长。

（二）现代教学手段与传统教学方法的关系

正确处理好传统教学与现代化教学的关系，是提高教学效果的重要途径之一。教师不能一味地追求现代化的教学手段而完全放弃传统的教学方法，也不能因为习惯了传统教学方法而一味地排斥现代教学手段。而是要联系实际，因材施法，合理地综合利用各种教学方法和教学媒体。传统教学方法和教学媒体是广大教师在长期的教学实践中总结出来的，有其自身的优势和价值，甚至可以说有很多是中国教育文化的组成部分。相对现代化教学手段而言，传统教学手段使用在教学过程存在着速度慢、范围窄、信息少等缺陷，但它仍有顽强的生命力，它与多媒体教学手段在教学活动中的作用各有侧重、各有特点，且是相辅相成的关系。如黑板的即时重现性较强，灵活方便，一些知识框架、递进关系可边画简图边讲解，这样更能吸引同学们的注意力，加深印象；幻灯片操作简单，可打印可复制，可以弥补记笔记跟不上讲课进度的缺陷，又能节省大量的板书时间。所以，在日语教学中，既需要使用多媒体又需要使用黑板，多媒体可以给学生播放相关的日语视频，也可以展示相关的文化背景知识以开阔学生的视野；黑板用来讲解重要的词汇、不同语法的表达方式等。这样将现代化的教学手段和传统的教学方法结合使用，更有利于提高课堂教学效果。

所以，现代教学手段并不能完全替代传统教学手段，多媒体教学也不可能是未来教学的全部，教学手段作为一个整体，既包括传统教学手段，也包括现代教学手段。所以，教师在开展教学活动时，应从整体着眼，合理选择需要的部分，发挥各个部分的最大价值，使整体功能得到最大的发挥。这就要求教师在教学活动中自觉地发挥传统教学手段的优点，克服其缺点，利用现代教学手段的优点而避免其缺点，根据授课内容选择最合适的教学手段。当然，部分之间也应该区别对待，现代教学手段有诸多优势是传统教学手段不可比拟的，所以应该作为整体中的重要部分。此外，教师应该具备不断创新的意识，用自己的智慧结合教学实践经验，不断探索更为先进、更为科学的教学方法和教学手段。同时，作为施教者也应该意识到无论是多媒体教学手段，还是传统教学媒体，都不是最重要的教学途径。在教学过程中，师生之间的自然语言是最灵活、具亲和力与感染力的交流工具，师生之间课堂上互动性的交流才是最有效的教学途径。课堂上师生互动既有知识的传授，又有感情的交流，而人与机器的交流则是冷冰冰的、单向的、无感情的交流。因此，在运用多媒体教学手段展示课件时，教师要时刻注意学生的情绪变化，要适时地走下讲台，到学生中间边讲解边与学生互动，多用眼光与学生接触，随时回答学生提出来的问题，并根据学生的反应和表现随时调整教学进度、教学内容和教学方法，用积极的双向交流来促进学生对知识的学习和运用。

（三）多媒体教学与教学内容的关系

学生与学习内容的矛盾是教学过程中的主要矛盾，贯穿于教学过程始终，而学生需要学习的内容就是教师需要教授的内容。所以，怎样将教学内容由易到难、化繁为简、条理清楚地呈现给学生是教师需要思考的问题，也是多媒体教学需要实际解决的问题。多媒体教学与教学内容的关系就好比是刀叉和牛排的关系，把牛排吃掉需要用到刀叉，而何时用刀、何时用叉也有其规律性。

多媒体教学的集中体现是多媒体课件的应用，文字、图片、声音、影像都可以成为课件的一部分，但是什么样的内容可以出现在课件中，以什么样的形式出现却是一个值得认真思考的问题。教材是教师制订授课计划的主要依据，也是学生进行预习、学习、复习的主要参照，所以多媒体课件的制作应该"源于教材""高于教材""还源教材"。"源于教材"是指教师要以教材为纲，把握好教材的逻辑框架、理论脉络、基本观点和主要内容，将教材中的点、线、面吃透、钻透，将教材中的知识点、训练点和延伸点合理有序地体现在课件中。而不能简单地将教材内容完全"搬上"课件，再把课件搬给学生，成为教材的搬运工。教材作为一种文本载体，其信息容量和表现形式都是有限的，由于受编写时间、课程设置等因素的影响，其内容不可能面面俱到，更新速度也往往滞后；所以，课件要"高于教材"，除了将教材内容准确无误地体现出来，还应该对其进行补充、拓展和更新。而"高于教材"并不是意味着不分详略、一味地链接较多的教学资料。如果内容很多，单纯游离于具体的教学目标之外，就会模糊了重点内容和拓展知识的界限，使学生分不清主次，既分散了学生的注意力，又浪费了学生宝贵的课堂学习时间。"源于教材"是指通过课件的制作和使用，创造性地使用教材。通过多媒体课件，把规范的、理性的教材语言，转换成学生容易接受、能够接受、喜欢接受的各种媒体语言，通过媒体语言来激活教材语言，使教材更容易为学生所接受。这就要求，补充的教学资料一定要与教材内容相统一，尽量去用那些有利于突出重点、突破难点、将抽象化为具体的媒体材料，并根据学生的实际情况和教学资料的难易程度，随时控制教学的难易、程度、节奏，让学生来得及看清，来得及思考，来得及接受和消化，使多媒体真正成为促进学生学习的工具，真正发挥好其辅助教学的作用。此外，课件画面最好简洁明朗，不要追求漂亮而添加一些与教学无关的图像与动画，这样会由于画面的漂亮和形式的多样而分散学生的注意力，从而使教学课上成了欣赏课，使多媒体教学陷入华而不实的境地。综上所述，教师使用多媒体教学，必须熟练地掌握教科书的全部内容，清楚全书的知识结构体系，明确重点章节和各章节的重点与难点，这样在制作和使用课件时才能主次分明、重点突出、逻辑清楚、胸有成竹。但是，教学活动是一个"以学生为主体、以教师为主导"的互动过程，学生在接受知识的过程中所表现出来的情绪反应、兴趣特点、理解程度以及教学环境变化等等，不可能与教师在多媒体课件制作过程中的预期完全相同，所以教师的主导作用也应贯穿于教学始终。

第三节　日语教学模式

一、教学模式概述

（一）教学模式的概念界定

"模式"一词是英文 model 的汉译名词。model 还译为"模型""范式""典型"等，一般指被研究对象在理论上的逻辑框架，是经验与理论之间的一种可操作性的知识系统，是再现现实的一种理论性的简化结构。

将"模式"一词最先引入教学领域并加以系统研究的人，当推美国的乔伊斯和韦尔。乔伊斯和韦尔在《教学模式》一书中认为："教学模式是构成课程和作业、选择教材、提示教师活动的一种范式或计划。"

吴立刚教授对教学模式概念的界定是：依据教学思想和教学规律而形成的，在教学过程中必须遵循的比较稳固的教学程序及方法的策略体系，包括教学过程中诸要素的组合方式、教学程序及其相应的策略。此概念较为重视教学程序以及策略体系两个方面的内容。

李如密教授认为：所谓教学模式，是指在一定教育思想的指导下和丰富的教学经验的基础之上，为完成特定的教学目标和内容而围绕某一主题形成的、稳定且简明的教学结构理论框架及其具体可操作的实践活动方式。此概念不仅突出了可操作的实践活动方式，还补充了教学结构理论框架的内容。

我国《教育大辞典》对教学模式的定义是："教学模式是在一定社会条件下形成的具体式样，可以解释为某种教育和教学过程的组织方式反映活动过程的程序和方法。"

从上面几种对教学模式概念的界定中，至少可以认为，教学模式包含以下几种要素：第一，有一定的教育思想和相应的教学理论指导；第二，其目的是为完成特定教学目标和教学内容；第三，具有可操作的教学程序及策略体系。即教学模式是在一定教学思想和教学理论指导下建立起来的，在教学过程中有比较稳定的教学程序及其方法、策略体系。模式可以来源于教学实践，使实践概括化和集约化，上升为理论，丰富和发展教学理论。模式也可以来源于理论思辨，使某种教育思想或教学理论具体化、操作化，从而保证理论对实践的指导作用。如果说，把研究教学的性质、目的任务、教学思想、教学规律等问题概括为"教学原理"是教学论的基础理论部分的话，那么，研究教学模式则是教学理论应用于实践的中介，具有处方性、优效性、可操作性的特点，它的主要任务是根据一定的教学思想和教学理论去设计教学，组织和实施教学。总体而言，教学模式可以理解为是在一定教学思想或教学理论指导下建立起来的较为稳定的教学活动结构框架和活动程序。作为结构框架，突出了教学模式从宏观上把握教学活动整体及各要素之间内部的关系和功能；作为活动程序，突出了教学模式的有序性和可操作性。所以，教学模式既是教学理论的具体化，也是对教学经验的一种系统概括和总结。

（二）教学模式的结构

教学模式通常包括六个因素，这六个因素之间有规律的联系就是教学模式的结构。

1. 主题

主题即模式的名称。它犹如一根主线，贯穿于整个模式，主导着整个模式，支配着模式的其他构成因素，并产生出与主题相关的一系列范畴。如探究式教学模式的主题是"探究"，体验式教学模式的主题是"体验"。在教学模式中，主题就成了思想的核心，其他因素都是依据主题因素而确立的。

2. 理论依据

教学模式是一定的教学理论或教学思想的反映，是一定理论指导下的教学行为规范，因此理论依据是支撑教学模式的基石。在乔伊斯和韦尔看来，"每一个模式都有一个内在的理论基础"。换言之，它们的创造者在阐述该模式的操作程序和步骤时还要拿出具有说服力的理论依据来证明这一操作的可行性和有效性。因此，不同的教育观往往提出不同的教学模式。比如，概念获得模式和先行组织模式的理论依据是认知心理学的学习理论，而情境陶冶模式的理论依据则是人的有意识心理活动与无意识的心理活动、理智与情感活动在认知中的统一。

3. 教学目标

教学模式是为了实现一定的教学目标而创立的，如果没有目标，其存在就失去了价值，所以，在教学模式的结构中，教学目标处于核心地位，并对构成教学模式的其他因素起着制约作用，它决定着教学模式的操作程序和师生在教学活动中的组合关系，也是教学评价的标准和尺度。正是由于教学模式与教学目标的这种极强的内在统一性，决定了不同教学模式的个性。不同教学模式是为完成一定的教学目标服务的。

4. 操作程序

操作程序即教学环节或步骤。它是为实现特定的教学目标，以一定的逻辑关系优化各种教学因素而形成一种合理教学结构的过程。所以，每一种教学模式都有其特定的逻辑步骤和操作程序，它规定了在教学活动中师生先做什么、后做什么以及各步骤应当完成的任务。如赫尔巴特的"四阶段"教学模式、杜威的"五步"教学模式都有比较明确清晰的操作程序。

5. 实现条件

实现条件是指能使教学模式发挥效力的各种条件因素。它是对操作程序的补充说明，为教师正确选择和运用合适的教学策略与方法提供合理、必要的建议和支持。如教师、学生、教学内容、教学手段、教学环境、教学时间等。

6. 教学评价

教学评价是指各种教学模式所特有的完成教学任务、达到教学目标的评价方法和标准等。由于不同的教学模式所要完成的教学任务和达到的教学目标不同，使用的程序和条件就会有所区别，所以其评价的方法和标准也有所不同。因此，任何教学模式都应该有自己的评价标准和方法，而不能采用"一刀切"的方式统一评价。目前，除了一些比较成熟的教学模式已经形成了一套相应的评价方法和标准外，有不少教学模式还没有形成自己独特的评价方法和标准。

主题、理论依据、教学目标、操作程序、实现条件和教学评价六个要素有机结合，相互作用，共同构成了完整的教学模式。在教学活动中，针对特定的目标、运用条件和范围，利用具体化、操作化的程序，解决特定的问题。但是，教学过程是一个教师和学生共同参与的灵活的过程，教学过程中所出现的现实状况也是千变万化的，所以任何一种模式都有其局限性，不能全盘照搬，而是应该在教学实践中结合实际情况灵活运用，使其得以调整和完善，并不断加以改进和创新。

（三）教学模式的功能

1. 教学模式的中介作用

教学模式的中介作用是指教学模式能为各科教学提供具有一定理论依据的模式化的教学法体系，使教师摆脱只凭经验和感觉、在实践中从头摸索进行教学的状况，于教学理论与实践之间架起一座桥梁，使抽象的理论变成可以操作的行为，使教学论的研究工作走向理论与实践相结合的道路，为教学研究工作提供了方法论基础。教学模式的这种中介作用，和它既来源于实践，又是某种理论的简化形式的特点是分不开的。

一方面，教学模式来源于实践，是对一定具体教学活动方式进行优选、概况、加工的结果，是为某一类教学及其所涉及的各种因素和它们之间的关系提供一种相对稳定的操作框架，这种框架有着内在的逻辑关系的理论依据，已经具备了理论层面的意义。另一方面，教学模式又是某种理论的简化表现方式，它可以通过简明扼要的象征性的符号、图式和关系的解释，来反映它所依据的教学理论的基本特征，使人们在头脑中形成一个比抽象理论具体得多的教学程序性实施程序。便于人们对某一教学理论的理解，也是抽象理论得以发挥其实践功能的中间环节，是教学理论得以具体指导教学，并在实践中运用的中介。

2. 教学模式的方法论意义

教学模式的研究是教学研究方法论上的一种革新。长期以来，人们在教学研究上习惯于采取单一刻板的思维方式，比较重视用分析的方法对教学的各个部分进行研究而忽视各部分之间的联系或关系；或习惯于停留在对各部分关系的抽象的辩证理解上，而缺乏其作为教学活动的特色和可操作性。教学模式的研究指导人们从整体上去综合地探讨教学过程中各因素之间的互相作用和其多样化的表现形态，以动态的观点去把握教学过程的本质和规律，同时对加强教学设计、研究教学过程的优化组合也有一定的促进作用。

教学模式是从教学的整体出发，根据教学的规章原则而归纳提炼出的包括教学形式和方法在内的具有典型性、稳定性、易学性的教学样式。简洁地说，就是在一定教学理论指导下，以简化形式表示的关于教学活动的基本程序或框架。教学模式包含着一定的教学思想以及在此教学思想指导下的课程设计、教学原则、师生活动结构、方式、手段等。在一种教育模式中可以集中多种教学方法，需要将不同的教学方法有机地加以"整合"，而不是某个单一的、个别的教学方法的使用。任何模式都不是僵死的教条，而是既稳定又发展变化的程序框架。

（四）教学模式的分类

教学模式是一个仁者见仁智者见智的问题。近些年来，国内外学者和一线教师对此各抒己见，提出了许多好的观点和看法，虽然标准不一，形式各异，但不得不承认这些教学模式的存在都有其合理性。所以，通过对这些教学模式进行分类梳理，有利于一线教师深入理解教学模式，把握不同教学模式的侧重点，进而更好地选择和利用教学模式。

1. 按概念特征划分

根据教学模式概念的特征，大致可以将教学模式划分为过程模式、结构模式和方法模式。过程模式是一种有关教学活动顺序的"策略体系"或"教学样式"。该模式并不特别注重教学本质和教学规律的探讨，而是将认识基点定位于教学活动的顺序上。结构模式是指将教学模式作为反映特定教学理论逻辑轮廓的、为完成某种教学任务的、相对稳定而具体的教学活动结构。虽然对于"结构"和"教学结构"尚有不同的观点，但他们的认识基点都是定位在教学活动的结构化上。方法模式论者认为，教学模式即教学方法，只不过这是广义上的教学方法，"俗称教学大法"，是"在教学实践基础上建立起来的一整套组织、设计和调控教学活动的方法论体系"，其特点是结构的程序化和方法的可操作性。

2. 按理论依据划分

理论依据是构成教学模式必不可少的因素之一，教学模式的建立和发展离不开一定的理论依据。所以，以其主要理论依据为出发点，可将教学模式分为哲学模式、心理学模式、社会学模式、管理学模式。哲学模式的典型代表有赫尔巴特模式、杜威模式、凯洛夫模式。赫尔巴特虽然竭力主张要在心理学的基础上建立教学方法论，但由于心理学当时还没有从哲学中独立出来，所以他依然是以哲学思想为理论依据，他所创立的教学过程四阶段论也是他的认识论观念的反映。同样，杜威的教学过程理论也是以他的实用主义认识论为基础的。而凯洛夫《教育学》中教学论的基础就是辩证唯物主义认识论中的感性认识和理性认识、直接认识和间接认识的关系问题，并据此提出了感知—理解—巩固—运用的模式。哲学模式在第二次世界大战以前一直占据主导地位，今天，虽然心理学等实验科学有了惊人的发展，但教学模式依然不可避免地要受到哲学的影响，如皮亚杰的发生认识论等。心理学模式是指主要遵照心理学的理论、概念和方法来构筑或拓展出来的教学模式。心理学是教育学最直接、最现实的基础，其本身的发展在某种程度上也必须以学生的学习活动作为实验的依据。另外，随着心理学的发展，其分支和流派越来越多，在认知、情绪、动机、人格、智力测量等方面对教学活动有着深刻的影响，可以说心理学分支和流派的多样性决定了当代教学模式的多样性。所以，目前，心理学模式从数量上说占所有教学模式的一半以上。教学社会学是国外教育社会学中的一个分支，是通过分析影响教学活动的社会因素和社会环境，来探讨提高教学效率的社会学途径。所以，社会学模式就是通过研究课程教学中的各种社会因素或直接运用一般社会过程和团体动力学的理论构筑而成的教学方式方法体系。管理学模式主要是从课堂学习和教学的组织管理出发来构思的，这类模式更关心如何通过合理安排教师的教和学生的学，通过严格的目标选择和结果评估等手段来提高单位时间内的教学效率。现代管理学中涌现出的新的管理思想和方法，尤其是计算机管理的思想和方法，在教学领域受到越来越多的重视。

3. 按逻辑起点划分

之所以说教学模式既是教学理论的具体化，也是对教学经验的一种系统概括和总结，是因为人们在定义教学模式、创建教学模式时的逻辑起点不同。教学模式的构建一般有两种途径：一种是从理论到实践，建构教学的理论模式；另一种是从实践到理论，构建教学的实践模式。理论模式是根据一定的教学理论构建起来的理想教学模型。从教学结构看，教学的理论模式是在一定教学理论指导下建立起来的各种教学活动的基本结构或理论框架；从教学程序看，教学的理论模式是根据一定的教学原理建立起来的比较典型和比较稳定的教学基本阶段以及多种教学因素的复合程序；从教学策略看，教学的理论模式是根据一定的教学方法建立起来的、师生在教学过程中必须遵循的比较稳定的教学方式或多种方法的策略体系。实践模式是在教学实践中形成的具有独特风格的教学范式。从教学条件看，实践模式是根据一定的主观和客观教学条件建立起来的、体现教学主体特点的教学样式；从教学进程看，实践模式是在教学实践中形成的比较典型和比较稳定的教学步骤或教学环节的合理组合；从教学实施看，实践模式是教学实践中的师生为达到一定的教学目标所采取的教学方式或多种教学方法的有机结合。两种模式的路径相对而行，但殊途同归，都是达到教学目标的基本途径。

4. 按应用范围划分

按教学模式应用范围的不同，可以将其划分为一般教学模式和学科教学模式。一般教学模式是基于教育学的普遍规律，从哲学、心理学、社会学、管理学等学科中吸收理论依据，建立起来的具有普遍指导意义的、较为稳定的教学程序及其方法、策略体系，具有一定的概括性，可以应用于各学科的教学活动。学科教学模式是在一定的教学思想或理论的指导下，对某一学科领域中特定的教师、学生、媒体互动状态和过程加以概括而形成的，正确反映学科教学客观规律并适用于本学科或其他学科教学实践的，以系统、有序、简明的形式表达其结构关系的一种教学行为范型。学科教学模式具有一般教学模式的特点，但不同于一般教学模式，它是在某一学科领域的教学实践中所运用的教学模式。如果说，一般教学模式是抽象层面上的模式，那么学科教学模式就是具体层面上的模式，二者是一般与特殊、共性与个性之间的关系，二者相互依存，互为存在的前提和条件。

5. 按教学方式划分

教学模式的实施需要运用具体的教学方式，所以根据教学方式的不同，教学模式又可以分为传统教学模式和现代教学技术模式。传统教学模式是一种以教师为中心的教学模式，强调教师的主导地位和支配作用；教师是教学活动的中心，是知识的拥有者和传递者，教师通过系统的讲解向学生传递教学信息。学生是被动的学习者，必须按照教师的组织、安排和要求进行学习。该模式有利于教师主导作用的发挥，便于教师组织、监控整个教学活动的进程，便于师生之间的情感交流及问题反馈；缺点是课堂教学完全由教师主宰，忽视了学生的主体地位，不利于调动学生的积极性和学生创新思维的培养。现代教学技术模式是一种强调学生的主体地位、利用现代教育手段进行课堂教学的模式。在这种模式下，学生是主体，是课堂教学的中心，学生的学习方式由被动地接受知识转变为主动地学习知识，而且现代教育技术的发展为学生提供了更多的便利，课堂学习不再是机械地听课、记笔记，学生可以获得视觉、听觉的双重刺激，课堂氛围变得轻松愉快。但是，这种教学模式也依然存在着许多限制性因素，如教师的综合素质、学校的配套设施等。

通过以上分析，可以清晰地看出教学模式研究的最新发展趋势：教学模式概念的界定趋向过程、结构和方法的融合；教学模式理论基础趋向多样化；教学模式形成路径趋向理论—实践的"双向性"；教学模式应用趋向"学科性"；教学模式手段的运用趋向信息化。这些认识有助于我们深入理解、正确选择和科学运用教学模式，使教学模式的功能发挥得更好。

二、高校日语教学模式创新实践

如前所述，教学模式按其应用范围的不同，可以划分为一般教学模式和学科教学模式。学科教学模式是在某一学科领域的教学实践中所运用的教学模式，其建构和运用受学科教学的特殊规律所制约，但同时又具有一般教学模式的特点。由此，可以将学科教学模式进一步细分为本学科教学模式和他学科教学模式。本学科教学模式是指在某一学科的教学实践中产生的并只能够在该学科教学实践中运用的一种教学模式，此类教学模式在产生之初就是作为"个别"和"特殊"存在的；他学科教学模式是指在某一学科的教学实践中产生的但可以运用于其他跨学科教学实践的教学模式，这种教学模式在产生之初有其"个别性"和"特殊性"，但其中又包含着一些"普遍性"和"一般性"，经过调整和改造，此类教学模式也可以运用到其他学科的教学实践中。例如，英语教学中大力倡导的感知、体验、参与、合作、探究、互动等教学模式或方法，经过调整，同样可以运用到同为语言类学科的日语教学中。但是，教师在采用此种借鉴时，必须注意到二者的差异，充分发挥主观能动性，切不可盲目借鉴、全盘照搬。

《大学日语课程教学要求》明确指出，大学日语教学应充分利用多媒体和网络技术，积极开展计算机辅助日语教学，大力开发多媒体学习课件，改变过去单一的课堂教学模式。鉴于目前学术界对于教学模式的讨论比较多而专门针对高校日语教学模式的讨论相对不足的现状，以下谨选取其中可行性较强，且最适用于高校日语教学的几种模式进行分析说明。

（一）任务型教学模式

Willis 把任务型教学视为传统教学 3P 模式的倒置，将任务型教学实施过程分为前任务（pre-task）、任务环（task cycle）和语言聚焦（language focus）三个阶段，这一任务型教学模式被公认为是最全面也最科学的教学模式。

在前任务阶段，教师导入任务的主题，帮助学生回忆和激活与任务主题相关的生词和短语，并尽量采用简洁易懂的语言将任务要求介绍给学生。在任务环阶段，学生按照分组等方式执行任务，学生和学生、老师和学生之间采取不同的交互方式，包括对话、报告、会见、调查和主题讨论及小型辩论等。在整个环节当中，教师都应该扮演一种次要的观察者的角色，即始终保持任务执行者——学生的中心地位。语言聚焦阶段包含语言分析和练习活动两部分，通过引导学生总结发音、语法、语用及交际策略等诸方面内容，使学生学会在特定的场合下使用不同的交际策略，其目的在于让学生把注意力从意义的交流转到思考语言形式和语言运用上来。所以，Willis 的任务型教学模式在日语课堂教学中的应用可以理解为"以培养学生语言运用能力为目标，以教师为指导，以学生为主体，以任务为途径，实行课堂教学任务化"的日语课堂教学实践。以《标准日语会话篇》「雨か降つこゐ大丈夫だ（即使下雨也没关系）」为例。课文内容是关于日本人铃木邀请留学生小张去看棒球比赛的对话。在前任务阶段，教师告知学生本课的课堂任务是邀请老师参加周末的外语文化节活动。教学目标是通过角色扮演的形式，培养邀请他人和受到邀请时的谈话能力。按照就近原则，使学生组成小组。在任务环阶段，让学生分别扮演教师或学生的角色进行操练，并要求学生用日语表述。在这个过程中，教师可以在教室中来回巡视，关注信息的有效沟通以及学生的参与度，但不能干扰学生之间的自主对话。此时，虽然有参考的课文，但是由于任务要求及交流对象的不同，增加了任务的难度，所以学生要积极思考，相互交流，通过协商和沟通完成任务，实现语言交际的意义。在语言聚焦阶段，先让学生总结在会话中用到的句型，再由教师提炼后写在黑板上，并对于任务实施阶段出现的错误进行纠正；分发事先准备的会话范文，并播放录音，学生一边听录音一边补充完成范文，引起他们对其中句型、语法及功能用语的注意；在语言分析活动之后，教师可以和学生一起根据学生所总结的句型以及范文中涉及的句型设计新的对话，并和学生一起完成"邀请"这一任务。有了前面的积累，学生对谈话策略有了一定的把握，此阶段的练习对学生语言运用能力的巩固和提高具有重要意义。

Willis 的教学模式结构严谨，不仅清楚地阐明了各个阶段的操作步骤以及教师和学生的角色，而且在实际课堂教学中，教师可根据学生遇到的问题及需求等，调整某一阶段的具体操作，非常具有灵活性。任务型教学模式以完成交际任务、解决实际问题为出发点，重视学生学习的过程，注重对真实情景的模拟，教师创造性地设计活动和场景，以激发学生的学习兴趣和热情，引导学生积极参与到小组活动乃至整个课堂教学中来，使学生在宽松、和谐的环境中通过讨论、交流及合作等方式提高日语应用能力。

（二）探究式教学模式

所谓探究式教学，就是以探究为主的教学，具体地说就是指教学过程是在教师的启发诱导下，以学生独立自主学习和合作讨论为前提，以学生原有知识、周围世界和生活实际为参照对象，为学生提供自由表达、质疑、探究、讨论问题的机会，让学生通过多种解难释疑的尝试活动，将自己所学知识应用于解决实际问题的一种教学形式。

教师作为探究式课堂教学的组织者，其任务是调动学生的积极性，促使他们自己去获取知识和发展能力，做到学生自己能发现问题、提出问题、分析问题、解决问题；与此同时，教师还要为学生的学习创设探究的情境，营造探究的氛围，促进探究的开展，评价探究的结果。这就要求教师将学生的思维带入新的学习情境中，让他们感觉学习是解决新问题的需要，产生一种积极发现问题、积极探究的心理激情，使学生敢想、敢问、敢说，从而激发探究的意识，激活探究的思维。学生作为探究式课堂教学的主体，要根据教师提出的任务，明确探究的目标，思考探究的问题，掌握探究的方法，交流探究的结果。这就要求学生充分发挥自身的积极性和能动性，通过观察、思考、查找资料、归纳、概括等过程，在探究中学习，在学习的过程中探究，自行解决一般性问题，同时将探究过程中发现的难点和疑点反馈给老师，并在老师的指导下进一步探究。如：对于"就餐前的常用语有哪些""就餐后的常用语有哪些"以及"日本人在就餐过程中的注意事项有哪些"等问题，让学生通过独立自主的学习并收集资料来探究问题的答案，同时教师要根据学生探究的情况，简要归纳、概括要点。

探究式教学是否能取得良好的实际效果，归根到底是以学生是否参与、怎样参与、参与多少来决定的；只有学生主动参与教学，才能改变课堂教学机械、沉闷的现状，让课堂充满生机。而每一步探究都应该先让学生去尝试，放手让学生自己学习、自己完成探究过程，确立学生的主体地位。这样，才能使探究式教学进入理想的境界，促进学生提高自主学习能力，激发他们主动思考的热情，为他们的终身学习和发展打下良好的基础。

（三）体验式教学模式

体验式教学模式是在教育教学活动中，教师坚持体验实践性原则，有目的地创设某种情境或学习氛围，并利用这种氛围来激发和提高学生的学习兴趣，使其在自己的引导下亲自感受和体验知识，用实践来验证理论，充分调动起学生的主观能动性，将其培养成一个真正独立的、具有实践创新精神的"完整的人"的一种教学模式。体验式教学模式可以根据学习者的实际水平来设定教学方法和教学内容，且在教学中可以根据学习者的掌握程度随时进行教学方法的更改；教学中更加注重交流与沟通，利用语言的交流对学生进行知识传授，同时借助现代化教学手段来创设实践性教学情境，激发学生的学习兴趣，使其能够自主地、积极地参与其中；体验式教学过程中，学习者学到的不仅仅是理论知识，还有实践性知识。学习者可以通过体验式学习来熟悉和应用各种学习策略，并将这些策略应用到课后的自主学习中，培养其创造性；教学活动中，可以通过分组协作的方式来锻炼学生与他人合作的能力，增强学生的交流沟通能力；学习者可以通过体验与自我评价来发现自己的优点和不足，并及时发扬或纠正。

例如，在日语教学中，教师可以通过在课堂上创设适当的体验式教学情境来提升学生的学习兴趣和自主能动性。但在创设情境时，要注意将传统的日语讲解教学和现代的图文直观教学相结合，采用多种教学方式来讲解教学内容，将教学内容形象、直观地表现出来，充分调和学生逻辑思维和形象思维之间的矛盾，使学生在学习知识并进行问题思考时，运用形象思维在脑海中想象出与讲授内容相对应的场景。比如，在讲解有关日本节日的文章时，教师先进行教学设计，创设任务情境，要求学生课前分小组准备关于中国、日本庆祝元旦的相关资料并在课堂上向大家介绍；在正式讲课前，创设问题情境，询问中日两国过元旦的不同之处；在课文讲解过程中，设置案例情境，向学生介绍自己在日本过元旦的情境；最后给学生设置讨论情境，讨论世界上其他国家以何种方式庆祝元旦。这样既调动了学生参与的积极性，引发学生积极思考，又拓宽了学生的知识面。此外，与日本人进行实际交流，到日企实习参观，参加各种日语演讲、日语歌曲比赛等都属于体验式教学或学习的模式。

体验式日语教学将语言习得与文化渗透融合在一起，顺应日语教学改革的要求，既能让学生快乐地学习，又能培养他们的合作能力、语言实际运用能力以及自我学习调节能力。但是，以学生为主体，并不意味着教师不再重要，相反，运用体验式教学模式，教师需要付出更多的精力来进行教学设计，全面规划教学任务，灵活使用多媒体等教学手段，既要使自己的主导作用充分发挥，又要保证学生的主体地位得到巩固。学生也要转变观念，通过实际体验学会自主学习。

（四）多媒体和网络教学模式

将多媒体和现代网络信息技术应用于教育领域，能够实现现代教学技术与传统教学的完美结合。以多媒体、网络环境下的实时交流为中心的教学模式，首先使学生在教学过程中的主体地位充分体现出来，这样有利于调动其主动性、积极性和兴趣。其次是借助实时交流可将口头的讲解具体化、形象化，给学生身临其境的现实感。利用多媒体的听说练习，能够引导学生把传统课堂学到的知识转化为交际能力，更能开发与培养学生的思考力和创造力。利用网络进行的实时交流过程是与本土教师直接交流的过程，也是学生与教师互动的过程，既可以使学生真实地感受到使用语言的魅力，提高语言的使用能力，也可以激发学生用日语讨论的热情，鼓励学生在思维和表达中创造性地运用日语。

例如，在基础日语课程中学习假名词汇时，教师可以制作一些由图片及动画构成的、内容简单而有趣的课件，标上假名或单词的发音，通过刺激学生的视觉和听觉，让学生有新奇感，以加深对学习内容的印象。在检查学生假名词汇掌握情况时，可以利用多媒体教室或机房，由教师朗读假名词汇，学生在计算机上输入相应的假名或词汇，然后根据打字的正确性、输入速度等标准进行评分；或者通过分组比赛等方式，激发学生的学习兴趣，这样在初学阶段既能让学生正确记忆假名词汇，还可以让学生熟悉日文打字方法。在学习基础语法过程中，为了节省板书时间，丰富教学内容，拓宽学生的知识面，教师可以把每节课的重点词汇、主要语法和例句做成 PPT 微软办公演示文稿，中间插入图片、视频、动画等相关素材，使教学内容生动真实，以激发学生的学习兴趣，活跃课堂气氛。而在高级日语基础知识实际运用和训练的过程中，可以让学生观看一些与教材内容相关的日语会话场景图片、视频等，然后让学生根据所看到的内容用日语回答老师的提问或发表自己的看法，或进行相互讨论；还可以让学生分组进行日语情景剧的表演，由小组成员合力完成编写台词、分配角色、安排剧情、准备道具等过程，然后在课堂上公开表演，并拍成视频进行回放。在回放视频时，让观看表演的学生根据剧情进展，用日语逐段分析、讨论表演过程中出现的语法错误，让参加表演的学生总结整个表演团队在准备及表演过程中出现的问题、存在的不足以及获得的成果等，通过这种全班参与、身临其境的体验，加深学生对日语语法的理解，提高口语表达能力。再如口译技能的训练，可以结合多媒体手段进行模拟口译训练，课堂上可以选用外交发言、旅游景点介绍、新闻报道、商务会谈等各种场景的视频资料，由学生根据视频中出现的人物担任模拟翻译人员，进行同声传译练习。此外，还可以开设课后网络教室，通过网络布置作业并设置作业提交时限，有效地督促学生完成课后学习，还可以通过 QQ、MSN 等网络工具，打破时间和场所的限制，及时为学生解答自主学习中碰到的疑问。

(五) 日文报刊教学模式

报刊作为一种传媒载体，是人们认识社会的一个窗口，其新闻性、教育性、知识性和趣味性等特点是其他传媒载体所不能替代的。通过阅读报刊，可以全面、快速地了解国内外时事及国家方针政策等，获得真实、丰富、鲜活的时代信息；可以增长科技知识，拓宽视野，启迪心灵，培养科学、文明、健康的生活方式；可以掌握经济、法律、社会信息与常识，并将其应用到工作和生活中去；可以了解各地发生的趣闻趣事，为自己的生活增添乐趣。所以，要想了解一个国家的方方面面，阅读其报刊是一个便捷有效的途径。而对于日语专业的学生来说，采用日文报刊教学的模式不仅能让学生全面、深刻地了解日本社会，还能够了解不同场合下的言语表达方式，这对于提高学生的交际能力具有重要作用，是其他专业课程不能替代的。

在选择日文报刊时，可主要选用《读卖新闻》《朝日新闻》和《日本经济新闻》等报纸的最近两年的文章。在选材上注意题材的广泛性、切实性、趣味性及交叉性。所谓交叉性，即从"纵"和"横"两个方向来展开。所谓"纵"，即选用关于社会不同层面的内容，使学生全面了解日本社会；所谓"横"，即从报刊的各个栏目选出。在教学时，教师根据新闻的内容，对难点、疑点进行问题设定，问题的解决主要通过学生自己或者学生之间的相互讨论来完成，使学生在独立思考和小组讨论中完成学习任务。但是，由于日本报刊的阅读对象主要是日本本国读者，所以对于其他国家的日语学习者来说，其整体难度会比较大，因此在教学过程中，教师必须给予精心的指导。对于篇幅较长或较难理解的文章，教师可以对难解的重要词语进行讲解，对题目相关的信息进行介绍，以达到启发学生读解知识的能力。但是，在这个过程中，教师要注意倾听学生的"反馈"，而不是一味地讲解。此外，对于难度相对较小、学生通过努力可以理解的内容，教师应该充分发挥学生的自主学习能力，让学生自己找出关键词、概括大意，并对于难以理解的单词和句子、段落进行设问，让学生在相互讨论的基础上进行回答并发表自己对某一问题的看法，使学生通过回答问题加深对内容的理解，而教师只是扮演好参与者和指导者的角色，在指导学生的同时适当地表达自己的观点和看法，而不是一味地纠正。

(六) 中日语言文化差异的对比教学模式

语言和文化是不可分割的，语言既是文化的载体，又可以说语言本身就是一种文化，而且是最初始的文化。如果说词汇和语法构成了一门语言的框架，那么它所承载的文化便是其精神和灵魂，如果不了解它的文化，只学习词汇、语法方面的语言知识，那么即便我们的外语表达没有任何语法方面的错误，听上去也一定是生硬、呆板的。而且，在涉及文化知识、深层含义时可能还会出现歧义，造成文化障碍。而这种文化障碍，远比语言上的障碍要难以克服得多。所以，外语教学不仅仅是语言教学，还应该包括文化教学。语言与文化之间的联系对语言的研究非常重要，单纯地靠语言去研究语言是不够的，必须通过特定的文化背景来考察研究语言，才能够真正把握语言的本质规律和特点。

中国和日本同是东方国家，汉语和日语看似大致相同，其实其语法构造和文化环境是完全不一样的。如果我们在教学上只注重学生纯正的发音、丰富的词汇量和正确的语法方面的培养，而忽视对语言本身以外的、与语言密不可分的精神因素如日本文化、日本社会和日本民族的思维方式等的引导，那么必然会产生一些文化摩擦，使这种跨文化交际难以顺利实现。"比较"是人们认识客观事物的一种重要方法，在科学中具有普遍意义，对语言科学来说也同样如此。对汉、日语言和文化的对比，可以使我们更进一步看清汉语与日语各自的语言特点和中日两国文化方面的差异，不失为日语教学（包括对日的汉语教学）的一个好方法。

通过以上分析可以发现：不同教学模式之间并不是完全独立的，而是相互之间有相似点或共同点，甚至是相互包含。如，任务型教学模式、探究式教学模式和体验式教学模式都可以采用分组协作的形式，所以有些学者也提出了合作学习的教学模式；再如多媒体和网络教学模式以及体验式教学模式中都有创设情境的环节，这与有些学者提出的情景教学模式不谋而合；而探究式教学模式又可进一步分为自主学习探究、合作探究、情景探究、问题探究等，实际上又可以分别称之为自主学习模式、合作学习模式、情景教学模式和任务教学模式。所以，实施新的日语教学模式，要求教师不断增强自身素质，根据教学内容、学生的实际水平、新知识的掌握程度等诸多因素，灵活地选用合适的教学模式，只有这样，才能充分激发学生的学习兴趣，切实培养学生的语言应用能力，实现最优的教学效果。

三、高校日语课堂教学模式改革的原则

（一）以学生为本的原则

教育的本质决定了它是以人的全面发展为目的。落实在教育过程中，就是要坚持以学生为本，为学生的成长成才提供优质服务，凸显学生的主体地位。所以，高校日语课堂教学模式的改革探索首先也要遵循以学生为本的原则。学生是学习的主体，不管教学内容、教学手段、教学目标以及教学模式如何随时代而变化，学生的主体地位都是永恒的，所以，教师在选择使用新的教学模式

时要充分考虑学生的主体地位，教学理论研究专家和一线教师在探索新的教学模式时也要充分考虑学生的主体地位，将以学生为本的原则放在首要地位。教师要摒弃传统的以教师讲授为主的教学模式理念，进行新模式的改革创新，因为传统教学模式不能充分发挥学生主体的作用，难以培养出有创新思维和创新能力的应用型日语人才。以学生为主体的教学模式，就是一切从学生的需要出发，教师备课、教材选择、教学设备配置和所有的教学手段都要围绕学生的学习来进行，学生始终是教学活动的主体。以学生为主体的教学模式是让学生由被动的知识的接受者变为信息加工的主人和知识学习的建构者。这种教学模式不仅要求教师在思想上树立新的教学理念，在行动上华丽转身，由原来的知识传授者转变为学生主动学习的帮助者、促进者，而且要求教师在教学设计上，紧紧围绕"以学生为本"和"自主学习策略"两个方面进行。为了适应这种教学模式，教师必须保持活跃的思维、舒展的心灵，并要对学生有充分的了解，只有充分了解学生，才能清除阻碍学生进步的因素，才能调整自己的教学策略，才能做到一切为了学生、为了学生的一切、为了一切学生，为学生营造出轻松愉悦的学习环境并获得有效的学习效果。

（二）强调师生互动的原则

高校日语课堂教学是教师和学生共同参与的活动，教师的"教"和学生的"学"缺一不可。我们强调学生的主体地位，主张发挥教师的主导作用，让教师在课堂教学中扮演参与者的角色而非操控者的角色，并非是说学生的地位比教师重要，"主导地位"和"主体地位"二者之间强调的不是谁更重要，而只是分工不同。在课堂教学过程中，教师的任务就是主导课堂教学活动有序高效开展，在这个过程中，教师不仅要将教学大纲要求的知识传递给学生，还要有意识地引导学生，使学生以积极的心态去学习新知识并实现学习的正向迁移；而学生的任务就是要积极地配合老师，紧跟老师的思维进度，牢固掌握教师所讲授的知识点，在达到教学目标的基本要求的同时尽量在教师的引导下拓宽知识面。所以，在教学活动中，教师和学生是一种相互配合、共同完成教学任务的关系，这就要求教师和学生之间有充分的互动和交流，随时交流彼此的即时状态，并根据彼此反馈的信息不断调整课堂状态，以达到更好的教学效果。所以，教学模式的改革应该改变教师和学生在传统课堂上的角色，强调师生互动的原则。互动式教学过程实际上是人际互动，教师和学生都是参与者。教师不再仅是知识的来源，而应转变为课堂教学活动的设计者、组织者和参与者。通过师生双向互动的教学活动启迪学生的交际能力和素质。在这样的课堂里，学生的主观能动性得到最大限度的发挥，互动过程中暴露出的问题可以得到教师的关注并被及时纠正，而学生的疑问及需求也能得到及时的解答与满足，课堂氛围轻松、愉快，学生的学习热情也能够被充分调动起来。所以，强调师生互动不仅仅是改革教学模式应该遵循的原则，实际上也对教师思想观念的转变提出了更高的要求，这在某种程度上可以说是日语教学改革成功与否的关键。

（三）注重培养语言应用技能的原则

归根结底，日语教学的最终目的是要培养学生用日语进行交际的能力，其核心内涵就是把日语作为一种工具进行跨文化交流的"处事"能力。所以，高校日语教学模式的改革必须遵循注重培养语言应用技能的原则，将日语的应用技能作为人才培养的最终目标。语言的应用技能概括为听、说、读、写、译五个方面，各项技能之间存在着必然的联系，它们共同构成一个完整的系统并且共同发挥系统的功能。一个完整意义上的语言日语技能，五项技能缺一不可，不能割裂且任何一项技能都不能偏废。所以，科学有效的教学模式应该是，在教学过程中听、说、读、写、译五项技能都能得到有效训练和培养。但是，这并不代表对于五项技能的训练可以采取"一刀切"的做法，平均分配学习操练时间。听与说是中国学生学习日语的过程中最难把握的一项技能，也是我国日语教学中较为薄弱的环节之一。一定程度上，目前日语听、说能力的薄弱是制约学生学习积极性和主动性的瓶颈所在，提高听、说能力是全面提高学生日语综合能力的突破口。学生敢讲、敢说之后，无疑会增强学习日语的自信心，体会到学习日语的愉悦感之后，想言语、想表达、想与人交流；学习日语的积极性激发之后，将会带动日语听、说、读、写、译综合实用能力的稳步提高。因此，听、说两大课题应成为日语专业教学的重点，教师要把听、说训练贯穿于教学的各个环节和阶段。

第三章　日语词汇教学研究

词是语言结构中不可再分的能够独立运用的最小的意义单位，有一定的音声形式、意义内容和语法功能。简而言之，词就是语言中音、形、义相结合的并能独立运用的最小单位。本章主要介绍中、日同形词对比和分类，日语词汇的感情色彩以及词汇的教学。

第一节　中日同形词概述

日语词汇从来源上可分为固有语、借用语和混种语三大类。固有语也被称作"和语词"，是指日语在与其他国家语言进行交流之前就已产生的词汇。而借用语又细分为"汉语词"和"外来语"两类，其中，汉语词从来源上主要包括从古代中国传入日本的词语以及日本仿照汉语自己创造的"和制汉语"；外来语则指从中国以外的其他国家的语言，主要是从西欧语系中引入的词语。混种语则是指以上各类语言的复合组成。本书中所论述的中、日同形词属于借用语中的汉语词一类。

一、中日同形词的重要性和特殊性

中日两国文化的交流源远流长，日本在对我国传统文化的学习过程中，也大量学习、吸收了我们的汉字文化，因此，在日语中就形成了相当数量的同形词。以《汉语水平考试大纲》为例，汉语词数共 8 822 个，中日同形词数为 3 971个，所占比例为 45%。其中，甲级汉语词数为 1 033 个，中日同形词数为 425 个，占 41.1%；乙级汉语词数为 2 018 个，中日同形词数为 918 个，占 45.5%；丙级汉语词数为 2 202 个，中日同形词数为 999 个，占 45.4%；丁级汉语词数为 3 659 个，中日同形词数为 1 629 个，占 44.5%。由此可见，中日同形词在汉语和日语中占有很高的比例。

根据这一连串数据可以发现：日语中的汉字虽然有着自己的发展轨迹，但由于它本身源于汉语，所以对母语为汉语的二语学习者（也就是我国日语学习者）来说，具有相当的特殊性。

中国学生若掌握规律，在学习过程中可举一反三以达到事半功倍的效果。因为日语中大量词语使用汉字标示，其中相当部分与汉语中的词语形式内容相同或是相近，中国学生在阅读过程中即便遇到生词，凭借汉字这个"拐杖"也能明白其意思和用法，并能在短时间内记忆大量的语汇。

日语和汉语是两种谱系，是性质完全不同的语言，日语中的汉字词虽然借用了汉字这种文字形式，两种语言中的汉字词在漫长的语言演变过程中，在词性、词义、词的语体色彩和搭配等方面已与现代汉语有很大的差异。它们有的在形式、意义方面相同或相近，有的形同义不同，还有一些日本人自己合成的汉字词，根本无法从字面揣摩其意。因此，汉字这个学习的"拐杖"使用不当也有可能变为"陷阱"，给学习者带来一定困扰。

汉字标示的日语词可以给中国学生带来极大的方便，学习者可以充分发挥母语的优势，能提高学生学习词汇的效率，把原本耗费在单词记忆上的时间与精力用于学习更具文化内涵的课程上来，学习效果也会更好。但是，如果在学习时借用母语策略泛化与母语迁移，将其与母语中的意思混为一体，则会对学习日语的效果产生消极的影响。尤其是其中一些比较细微的差异，学习者难以辨别，更是加大了日语学习的难度。

因此，教师要总结其中的规律，有针对性地培养学生正确运用日语词汇的能力，帮助学生在学习词汇时不仅能明白词语在语句中的特定含义，还能掌握其使用的语法限制、句法功能和搭配关系，把大量的理解词汇转化为表达词汇，极大地缩短词汇学习时间，减少交际过程中词汇表达上的偏误和混乱。

二、中日同形词对比

中日同形词类型的划分，需要以词源和词汇构成的理论为基础。伍铁平在《比较词源初探》中认为，不同语系的语言（如印欧语和汉语）在词源方面有时可能产生吻合现象，这是因为人类有共同的思维方式，在生活方式方面也有共同的一面，因此，历来的科学词源学家虽然一贯坚持一条原则，词源研究在语音上不能引用非亲属语言的材料，但也都一直认为，在词的语义的形成和演变方面是可以广泛引证非亲属语言材料的。当然，从语义角度对不同系属语言的词源进行对比时，有一个大前提，这就是在每个语言内部所进行的词源探索必须在语音语义两个方面都有充足的根据。所以，以来源路向为标识，进而对其类型作比较科学的划分，肯定是一项有意义的工作。周荐在《汉语词汇结构论》中认为，汉语复合词的构成，分为简单复合词的结构、复杂复合词的结构、特殊结构类型的复合词几类，从而比较说明词构与词性的对应关系。中日同形异汉字词既有单纯词，也有复合词。其复合词，从构造形态上来看，也存在着事实上的复合词的简单结构、复杂结构、特殊结构几种类型，但具体分析起来，中日同形词外在构形形态则更为复杂。

从中日同形词的书写形式来看，由于中日两国都对汉字进行了整理和简化，因而源字与借字的字形已产生了差异。所以，根据同形词在书写形式上的不同又可分为用字不同、字形不同和语素序不同。字形不同的字可分为所用字字形相同的、字形差别较大的和字形差异较小的三种。而在语言的交流借鉴过程中，音译也是重要形式之一，例如我们在翻译外国人名、地名时多采取音译的形式。而历史上，日本人在学习汉语的过程中，也将很多发音直接照搬了过去，所以，在研究中日同形词时，发音也应该格外注意。从词汇发音角度看，可分为音近义无联系、音近义有联系、音异义有联系、音异义无联系等四种类型。而从中日同形词的意义角度看，可分为词义基本相同的中日同形词、基本义不同的中日同形词和词义同中有异的中日同形词三种情况。其实，不管从哪个角度进行分类，这种分法都只是大致的，因为就某个词来看，其来源不同，词义演变情况也不尽一致，所以中日同形词往往呈现出错综复杂的对应关系。

三、研究中日同形词的意义

中日同形词在中日两国语言词汇中占有重要比重，是中日语言教学的重要内容，直接影响着中日两国学生对对方语言的学习效果。所以，研究中日同形词对于日语教学和日语学习都具有重要意义。

从教学方面来说，中日同形词是中日教师实施比较教学的难点，通过系统性研究，找到教学上的突破口，为科学实施中日同形词教学提供一些切实可行的理论与方法，对于强化中日同形词的教学效果具有很大的帮助。对中日同形词进行动态分析，可以清楚认识中日同形词演变的规律，从而了解中日同形词各个历史时期存在形态的特点。系统研究中日同形词，应运用一整套分析理论与方法，建立起一套科学的中日同形词研究模式和教学模式，这样既可以为研究其他各类中日汉字词多重关系问题提供一种学术思考上的借鉴，又能够将其运用到具体的教学实践中。

从学习方面说，同形词在中日语言学习中是一把"双刃剑"。对于中日两国学生来说，同形词的大量存在对于对对方语言的学习，既有独特的优势，也有造成干扰和易混淆的弊端，是中日学习者理解和掌握的难点。所以，通过对中日同形词在语义、语用和语法等方面的对比研究，找出其中的中日同形词在用法上的相同点和不同点，可以使学生清楚地知道重点和难点，在学习过程中可以更具有针对性，从而更好地提高学习效率。

中日同形词的研究与其他方面教学研究最大的不同之处在于，它对于中日两国学生和教师来说都具有重要意义。这是因为同形词存在于两国语言文字中，不管是学习汉语还是学习日语，都必然要学习这一部分词语。同样，不管是教授中国学生日语的教师还是教授日本学生汉语的教师，教学内容中也都无法避开这一部分内容。所以，研究同形词对于提高教学效果和学习效果都具有重要意义。

第二节　中日同形词的分类

对于中日同形词的分类可以从多个侧面和角度进行，但由于词义是隐性的，把握的难度更大，为避免混乱，我们仅从词义的角度进行分析。词义的对应关系是词与词比较的关键，辨析词义异同是词汇研究的重要环节，也是难点所在。中日同形词只是形式上"同"，从意义角度看，其中既存在诸多共同点，又存在着各种差异，所以，可分为基本义相同的同形词、基本义不同的同形词和同中有异的同形词。

一、基本义相同的同形词

在中日两国语言中意义相同的词占多数。同形词同义是指中日两国语言中一组词书写形式相同、意义也相同或相近。相当数量的汉语词汇进入日语，或借词引入汉语后，词义完全等同的不多，它们之间或多或少会发生一些变化。日语中有相当数量的汉字词与汉语中词同形同义，中日同形词的数量究竟有多少，对此要确切统计出来不是件容易的事，从选定的常用词看，同义的中日同形词所占比重最大。

日本在引进汉语词时同时借用了汉字的形，也兼取了汉字的义。汉字被引入日文，其字的本义也引入日本，在语言发展中这些取之于汉语用之于日文的汉语字词，其语义内容也没有发生变化或没有完全改变原义，不仅引入日语的汉语词的引申义跟本义有关，而且后来日本人利用汉字作为构词语素造的词其词义也是跟古汉语义一脉相承，其演变结果与汉语大体一致。另外，尽管汉语中的一些字被日语作为记音符号使用，或有些词进入日语后背离了词义发展的轨迹，但这并不影响它们在汉语语言体系中的使用和发展，也不影响日语中该字形代表的语素义在其他词中的构词作用。如"怪我"中的"怪"作标音用，"怪盗"中的"怪"意义跟"怪"在汉语中的意义相同。此外，近代历史上大量的日语汉字词被借入汉语而成为汉语日源借词，这些词进入汉语时可以信手拈来，几乎不用加以改造，这是跟汉字及其表达的语素的功用是分不开的。汉、日语言双向互流中对原词义的原盘搬用是同形同义词形成的根本原因。此外，汉字作为两种不同语言的共同载体，也使词义发展中的引申方向一致，演变结果相同成为可能；还跟语言发展的稳定性有关，语言发展有其继承性，语言发展过程中总会有一些因素得以保留，同形词同义关系的存在就顺理成章了。

所以，基本同义的中日同形词的情况又存在几种情况。

（一）词义、词性相等的中日同形词

基本同义的中日同形词中有许多是日语和汉语的意义完全相同，词性和词义都对应而完全通用的，两种语言互译时可以照搬而不需要译成别的词，既有汉语中为单音节的词，也有汉语中是双音节或多音的词。如茶、年、诗、木、灯、菊、竹、风、梅；樱花、结婚、可能、价格、感谢、季节、古代、故乡、霸权、衣服等。需要特别指出的是，在中日同形词中一些表示日汉语言中特有文化的词或专有名词，两者的意义基本是一致的。如"柔道""天皇""相扑""和服"等日语中特有的词语，引入汉语中，意义是完全一致的；而如"月饼""国庆节""上海""北京"等表示节日名称的名词及一些专有名词也是照原意引进。

（二）词义基本相同，但词性有差异的中日同形词

汉语和日语是两种不同类型的语言，汉语属孤立语，日语属黏着语。同是汉字词，因所处的语言背景不同，由于语法和句子结构不同，词类也会产生变化，一个词在汉语中属于某一词类，而在日语中却可能属于另一词类。因为词性不同，往往用法也就不同。因此要正确使用它们，还必须了解两者词性的差异。词性与词义关系密切，词性不同，词的意义的解释也随之稍有变化。我们把这类词归入中日同义的一类中，是因为这些词在中日互译时一般都不用换词或能译成近义词。

所以词义相近，语法意义不同的同形词也有不少，可以分为以下几种。

1. 名词与动词的差别

有些词表面看似乎是一样的，但其实词性是不同的。例如，汉语是动词，日语是名词，汉语"关心"和日语"関心"的意义基本相同，但汉语中常作动词，指常放在心上，强调重视和爱护。日语関心常作名词，表示关心。再如，汉语是动词或名词，日语常作名词，如"习惯"一词，在汉语中做名词可以表示在一个较长的时间段里逐渐养成的一种行为，也可以作动词，表示一个逐渐接受或适应的过程，但是在日语中，"习惯"一词只能用作名词，如"我习惯了这里的生活"，只能译成"ここの生活に慣れている"。

2. 自动词与他动词的区别

他动词和自动词是根据日语动词能否带目的语而划分的类别。他动词相

当于英语的及物动词，自动词相当于英语的不及物动词，他动词能带宾语，自动词不能带宾语。有这种差异的中日同形词不少，主要表现为两类：一是日语中是自动词，而汉语中是他动词；二是日语中是自动词，汉语中既作自动词，又可作他动词。例如"满足"一词的使用，汉语"满足"是及物动词，能带宾语，如"满足需要"；日语"满足"是不及物动词，所以汉语"满足要求"要译成"要求を満足させる"。

类似的词还有不少，如"充实""成功""下降""变化""成立""发生""流行""调和""成立""瓦解"等。

3. 汉语是形容词和副词，日语中是名词

汉语中有一部分词兼有形容词和副词两类词性，而日语中这些词是属于名词，如"大概"一词的使用，在汉语中表示推测、估计的意思，表示有很大的可能性，强调只是笼统地、大体上的看法，属于副词。日语中"大概"可作名词意为大部分、概略、梗概、差不多或不过分的意思；还可以作副词用，表示差不多、多半、大致的意思。

4. 汉语为形容词，日语为形容动词

日语中把表示事物性质和状态的词分为形容词和形容动词两类，形容词和形容动词在使用上有区别，因为所带的词尾不同，其变化形式就有差异，如"独特"一词的使用，在汉语中用作形容词，表示独有的、特别的、独特的风格；在日语中则为形容动词，表示独特、特有。如日本酒独特の風味/日本酒特有的风味；独特の方法/独特的方法。

类似的还有"热烈""特殊""流畅""有利"等词语。

以上各类词的词性不同，词义也会随之稍微有变化。汉字在语言环境中，因记录的是不同语言，其字义之间就出现了差异。造成差异的原因是多方面的，既跟汉字在不同的语言中所处的地位和作用有关，也跟文字所记录语言的关系有关。关于词性问题往往比较复杂，不论是在汉语还是在日语中，一个词所具有的词性常常不是单一的，兼类现象很普遍。因而两者的对应关系也很复杂。

（三）词的基本义相同，但在某些义项上稍有差异

同形词中还有一些词含义基本相同，但在个别地方稍有差异。如"关系"一词，在汉语中，表示事物之间相互作用、相互影响的状态；人与人或人和物之间的某种性质的联系；对有关事物的影响或重要性；泛指原因、条件等；表明有某种组织关系的证件；关联，牵涉。如"辅助"一词，两者基本义相同，但在用法上稍有差异，如生活費を補助する/补助生活费。但在日语中还有以下用法，如補助椅子/加座，補助記号/补助记号。

二、基本义不同的同形词

基本义不同的同形词是指中日两国语言中词的书写形式相同而词的意义不同的词。基本义不同的中日同形词也有相当数量，如"乐""钵""念""汉语""正月""丈夫""料理"等。

同形词异义的成因是多方面的，既跟两国社会、文化的差异有关，也跟汉字在两国语言中的地位有关，还跟词义演变发展的不平衡有关。词义演变的根本原因是外部条件下（社会交际的需要），词义内部的矛盾运动。语言发展演变有其外部因素。语言是一种社会现象，语言发展与社会发展息息相关。社会的发展变化，导致词的意义发生变化。造成汉日同形词词义差别的原因是多方面的：或是由于历史传统、习俗的不同，或是由于工业和技术发展的水平有差异，或是由于政治制度和社会制度不一样等。如礼俗文化制度随时代的不同而发生变化，表示该礼俗的词的意义也随之发生了变化。"正月"一词原来在汉语和日语中含义是相同的，都指阴历的第一个月，但是日本自从 1872 年起按新历过年，从而使汉日"正月"的意义所指也产生了差异。再如饮食文化差异方面的影响，日语"烧饼"是指烤年糕，另有派生义"忌妒""吃醋"。日语"饼"指用糯米粉做成的"年糕"，日语"煎饼"是指（用面粉或米粉烤制的）脆饼干。而汉语中"饼"主要是指用面粉做成的食物或火烘、油煎而成的，形状为圆形，如"大饼""煎饼""葱油饼""月饼"等。日语中有"饼肌"一词，形容人的肌肤洁白细腻，汉语"饼"则没有这层含义。

同形词异义不仅跟社会、文化差异有关，也跟语言本身的特点有关。不同的语言背景是同形异义的内部原因。虽然汉日语言中都用汉字作为语言的记录符号，但毕竟是两种不同的语言体系，再说日语中还有假名文字的存在。汉字在两种语言中的不同地位、不同的语言背景使汉字在两种语言中的作用不同。

一般来说，中日同形的一组词，它们的原始义或基本义是相同的，但在不同社会和语言环境下变得不同了。同形词异义的成因复杂，总的来说，主要表现在以下几个方面：古义被淘汰、基本义发生转移和汉字表示的语素的非单一性。

（一）古义被淘汰造成的差异

语言文字在使用的过程中是不断发展变化的，如我国古代的文字从字形上经历了甲骨文、金文、小篆、隶书、楷书、草书、行书、简化字等一系列的变迁；在词义上很多词语的含义也经历了从无到有、从此到彼的变化，字义扩大的如"江""河""射""脸""购"等；字义缩小的如"臭""金""寡""禽"等；字义转移的如"兵""股""木""树"等。由于日本在隋唐时期已大量学习中国文化，经过时代的发展和演变，当初为日本民族所学习、吸收的一部分汉语字词在含义上已经发生了变化，古本义已被淘汰，而其原始含义在日语中却被保留了下来。也就是说，古代汉字传入日本时，同时传入了汉字所表达的意义，那时候汉语和日语相同形体的词是同义的。后来，汉语由文言发展到白话，其中发生了很多变化，不仅词有改换说法的，词义的变化更是常见。古代汉语不少词在现代汉语中词义发生了变化，甚至整个消失了，而日本一直沿用这些词的古汉语义，这就形成了同形异义词。以"颜色"一词为例，《现代汉语词典》中的解释为：①由物体发射、反射或透过的光波通过视觉所产生的印象，如白色的光是由红、橙、黄、绿、蓝、靛、紫七种颜色的光组成的。②指显示给人看的厉害的脸色或行动，如"给他一点颜色看看"。颜料或染料，在日语中的解释为：①颜の色めい。血色；②感情の動きの表われた颜の様子；かぉつき。かぉほせ。而在《汉语大词典》中"脸色，面容"列在第一义项。《礼记·玉藻》："凡祭，容貌颜色，如见所祭者。"《楚辞》："屈原既放，行吟泽畔，颜色憔悴，形容枯槁。"唐代白居易《琵琶行》中有"暮去朝来颜色故。"在古代该词的意思也指"脸色、脸上的表情"，《汉书·东方朔传》："朔虽诙笑，然时观察颜色，直言切谏，上常用之。"以上各例表明："颜色"在古代汉语中经常用作"容貌""脸色"，而到了现代汉语中该项已被淘汰。

类似的还有"约束""律师""可怜""试验""缘故""讲义"等词语，这类源于汉语的日语词词义相对处于静止不变的状态，而汉语词语古今发生了变化，现代汉语中已不保留古代的意义，这就形成了两者同形而不同义的现象。

（二）基本义发生变化造成的差异

基本义和本义不同，它是指词的核心意义。汉字有着悠久的历史，有些字从产生的那天起就表示某个意义，历经几千年不变，如"山""水""牛""羊""日""月""人"等基本词汇。还有一些词在使用的过程中从其本义出发，不断地引申出了新的意义，如"走"，它的本义是跑，引申出了后代的"行走"义；"朝"的本义是早晨，因为早晨是君臣上朝的时间，上朝时臣子要拜君，故引申出了"朝廷""朝代""朝向""朝拜"等义。日语中的汉字词来自中国，所以从源头看，两者意义是相同的，但由于时代等因素，作为分别记录两种语言的汉字经过长期使用，发展到今天，它们的常用义或基本义有不少已变得不一样了。如"本"的用法，《说文解字》："本，木下日本，从木，从下。"段注："本末皆于形得义，其形一从木上，一从木下，而意即在是。""本"的本义是树根。引申义有"根本、基础、主要的"；还引申为"本来的、原来的"；亦指"书本、版本"；"本"也指"自己一边的、现今"。现代汉语中"本"的常用义是"基本的、主要的""原来的""表示自己一方的"。而在日语中，"本"作为构词语素，有"根本（的）、原来（的）"；"我、自己的"；"（戏剧的）脚本"等义，与汉语"本"义大致相同。如"本意""本义"中义为"本来的"；"本位"（第一位）、"本馆"（主楼）；"本校"（自己学校）、"本人"（自己）。以上的"本"语素义跟汉语中"本"的意义相同。但日语"本"单独一词主要义是指"书籍""书"，这是"本"的基本义，如 1 册の本にまとめる/集成一部书。现代汉语"书本、课本、剧本"中作为语素义还保留。日语中"本"用作助数词（相当于汉语量词），义也与汉语不同，日语"本"是用于细长的东西，如ペン 1 本/一支钢笔。类似的还有"走""印""判"等。

（三）汉字表示的语素的非单一性造成的差异

语素是最小的语音语义的结合体，是构词的单位。汉字往往是多义的，汉字的多义造成中日同形词异义。一个汉字可以代表不同的语素，构词时用的哪一个义项会因词而异，语素与语素组合可以造成很多词，不同的造词依据造出不同词的概率很高。构成中日同形词的字所代表的语素义不同，词的意义也就不同。

异义的中日同形词的产生，也跟两国造词时选用的语素不同。如汉语"汽车"跟日语"汽車"词义毫不相干，这跟汉字可代表不同的语素有关，日本注重于蒸汽，造了"汽車"，而汉语是从火车烧煤的角度，造了"火车"。汉语的"汽车"是指公共汽车，相当于日语的"自勤卓""ベス"；而日语的"汽車"相当于汉语的"火车"。日语中也有"火車"一词，却另有所指。

现代汉语中"注文"是指注解的文字。日语"注文"有"定做""订购""定货"义，指定质量、数量、形式和价格等，让人把这种物品做好或送来。

类似的有"汽船""轮船""折合""手纸"等词，中日语言中所指不同。

以上各词，中日两种语言在交流中都没有接受对方的词义，形成同形异义词。这类基本义不同的同形词又可分为以下几种情况。

1. 用字相同而语素义不同

中日同形词虽然用相同的汉字表达，但汉字的多义造成了同形词异义。用字相同而意义不同的中日同形词分为三种情况：一是语素义不同；二是语素之间的组合关系不同；三是语素义虚化。例如，"整体"，日语中"整"是动词，整理调整，即"推拿按摩"，"体"是"身体""人体"；汉语中"整"是形容词，"整个、全部"，"体"是指"物体""人体"。尽管汉语和日语用来记录词所用的汉字相同，但相同汉字代表的语素不同，词所表达的意思也就不同。类似的还有"过年""缘故""节目""出品""出世"等。再如，现代汉语中"毛衣"是"用毛线织成的上衣"；日语"毛衣"是指"皮衣服，皮袄。羽毛衣"。

其中"毛"的词素义不同，就使两词所指概念完全不同。

2. 语素构成的语言单位大小不同

从语法角度分，汉语的语言单位可分为语素、词、短语、句子和句群五种。语素是语言最小的语音语义结合体。通俗地说，它是有一定意义的、用于构词的最小语言单位，它能够单独构成词，也就能够互相组合成词。譬如，"我们走社会主义道路"这句话，它由"我们""走""社会主义""道路"四个词组成。然而，我们再作进一步分析时就会发现："我们"这个词是由"我"和"们"组成的；"道路"这个词是由"道"和"路"组成的。这些构成词的语言单位恰是最小的语音语义结合体。于是我们就把这些构成词的语言单位叫做语素。在这句话中，"走"由一个语素单独构成一个词，而"我们""社会主义""道路"等都由两个语素或两个以上的语素组合成一个词。有些中日同形词的不同就是由于语言单位大小不同样，主要表现为两种情况：汉语是词组，日语是词；汉语中是词，日语中是词组；日语中汉字代表的语素能组成词可独立，而汉语中与之相同的汉字代表的语素不能独立成词。例如，"大事"一词在中日两国语言中都指"重大事情、重大问题"。如国家大事/国家的大事。日语"大事"还指"富贵""心爱""保重""慎重"。如大事を花瓶/心爱的花瓶；自然を大事にする/珍惜自然。再如"结实"一词，在汉语中是形容词，义为坚固耐用，如这件衣服很结实；也指身体健壮，如身体很结实。日语"结实"是草木结出果实，收到效果，如多年の努力が結実した/多年的努力有了收获。

相同的书写形式，汉语中是词组或词，在日语里可能是词或词组。语言单位不同，词义上会有很大差异。词作为一个整体，划分句子成分时不能再切分，词组可以切分。所以，虽然写法上一样，但含义却不同。

3. 词性、词义不同的同形词

(1) 词性不同的同形词。词性指以词的特点作为划分词类的根据，如名词、动词、形容词、副词等。词性不同，其在句子中的句法功能也会有差异。句法功能是指一种语言形式和同一句型中的其他部分之间的关系。功能的名称通常有主语、宾语、谓语、修饰语、补语等。所以，有些中日同形词的词性和句法功能不同，也会导致同字异义。可分为几种情况：汉语是名词，日语是动词或其他；汉语为动词，日语是动词兼名词；汉语是副词，日语为其他；汉语是形容词，日语是名词或动词；汉语是动词，日语是名词等。如"料理"一词，在汉语中是动词，意为处理、办理；在日语中除用作动词外，主要作名词用，意思是"菜、饭菜"，如中华料理/中国菜，料理道具/烹调用具等。再如"监督"一词，在汉语中作动词，指察看并督促，对象主要指人，有时也指具体事物。而在日语中，既可以作动词又可以作名词。如監督は誰か/监督某人，指督促，是动词；也指监督者，管理人，作名词用时还有常用义"导演"，如映画監督/电影导演。

（2）词义不同的同形词。同形词词义不同的一个原因是同音假借的缘故。语言中有不少声音相同、相近而意义不同的词，这些词互称同音词。同音词是由于语言中音少义多造成的。譬如汉语标准音的音节只有四百零几个，加上四个声调的区别也只有一千多个，如果一个音节只表示一个词，那么汉语的词就很有限了。要运用这四百多个音节表达几万乃至几十万个词，汉字的假借就很好地发挥了作用。汉字里的假借可以分为本有其字的假借和本无其字的假借两种情况。所谓的本有其字的假借，是指语言里已经有这一个字，使用者却不去用，而要用与它读音相同或相近的另外一个字。如《史记·项羽本纪》中有："旦日不可不蚤自来谢项王。""蚤"本是指跳蚤，它没有引申义，可在这里表示的显然不是它的本义，它所记录的是与它读音相同的另一个词"早"的意义。这种情况我们通常称为通假。凡是读音相同或相近都可能造成通假。造字方法"六书"之一"假借"即"本无其字，依声托事"。语言中产生了某一个词，但在目前已有的文字中还没有造出记录该词的字，因为随着生产和社会生活的发展，概念往往先于文字产生，于是从现成的文字当中挑选一个与要记录的词的读音相同或相近的字来代替。这样用来替代的字也同样只是起了一个记音作用，与它原先的意义也同样是完全不相干了。

汉字传入日本后，日语借用汉字来记录日语，并在汉字基础上创造了假名文字。日语假名是记音文字，其实在假名产生之前，汉字也曾被作为记音的符号广泛运用。所以，日语汉字词中，有些汉字只记音，有些汉字记义，有些汉字音义皆记。现代日语中汉字只作记音符号使用的词仍保留不少，这些汉字词的汉字的字形义与它所记录的词的语素义毫不相干，汉字只起标音作用。如汉语"真面目"指本来面目，日语"真面目"意思是认真。日语"邪魔"表示妨碍、打扰；"我慢"汉语中是主谓词组，日语"我慢"意思是忍耐、克制、原谅、将就。日语"切手"，是指邮票、票据。"怪我"意思为受伤、过失。"迷惑"是麻烦、搅扰、为难、妨碍。"泽山""旦那""熬茶""黑茶苦茶""驮目"，以上词都是日语借用汉字来记日语中固有词的，但只借汉字的音而不取其义。这些日语词中的汉字是纯表音的，这种日本式的同音假借形成了同形词异义。此外，还有些汉字在日语中作为音译专名用。如"米"指美国；"独"指德国；"加"指加拿大；"洪"指匈牙利；"西"指西班牙；"豪"（原作"濠"）指澳大利亚；"普"指普鲁士；"亿"指法国等。

三、同中有异的同形词

同中有异的同形词是指同形词之间一部分词义相同，而另一部分词义相异。汉字借入日本后，经过处理，虽然日语中从汉语引进的汉字并没有脱胎换骨，但相当数量的中日同形词在意义和用法上或多或少发生了一些变化。有些是汉语中的词意义发生了变化，有些是日语中的词意义发生了变化，有的是双方都发生了变化，从现代汉语和现代日语共时的角度形成了同形近义关系。根据词的义项可以将同中有异的同形词分为三类，即在汉语中比日语中词义范围广的汉字词、在日语中的词义比在汉语范围广的汉字词及汉语与日语中词义部分重合的汉字词。为了在表达上更为清楚，我们可以简单地以汉>日、日>汉、汉日有交叉来表示。

（一）汉>日

汉>日是指同形词在汉语中表达的含义范围更广或者词义更多，以"成就"一词为例，《现代汉语词典》中对于"成就"一词的词义解释包括两项：一是事业上的成绩；二是完成（多指事业）。而在日本《新名解国语辞典》中，"成就"的日语词义只有一项，即完成、达成。如汉语"辉煌的成就"，日语就应该表达为"輝かしい成果"。

此外，苍白、境界、翻译、健康、干部、东西、检讨、市场等都属于此类。

（二）日>汉

日>汉是指同形词在日语中表达的含义范围更广或者词义更多，以"道具"一词为例，在现代汉语中，"道具"即"演剧或摄制电影时表演用的器物"。而日语词义的范围要广泛得多，几乎可以作为所有器具的总称来使用，大致相当于现代汉语中的"器具""工具""用具""家伙"等的意思，而且还有手段、方法的意思。如大工道具/木工工具，言葉は心を伝える道具だ/语言是传达思想的工具。

此外，"放心""差别""得意""前线""道具""失礼""话"等都属于此类。还有一种比较特殊的情况，即同一个的汉字词，在汉语里只有一个读音，而在日语中有两种或三种不同的读音，分别表示不同的意思。以下几组词的第一个读音所表示的词义和汉语相同，第二个读音（或第三个读音）的词义则是汉语词义所没有的。

例如，骨折（こっせつ）/骨折，骨折（ほねおる）/努力、不辞劳苦，地形（ちけい）/地形，地形（じぎょう）/地基、打地基，床（とこ）/床，床（ゆか）/地板，末期（まっき）/末期，末期（まつご）/临终，生物（せいぶつ）/生物，生物（なまもの）/生食，大势（たいせい）/大势，大势（おおぜい）/人数众多、许多，丈夫（じょうふ）/丈夫，丈夫（じょうぶ）/结实，丈夫（ますらぉ）/有男子气的人，大丈夫。

（三）汉日有交叉

汉日有交叉是指中、日同形词既有相同的义项，又有不同的义项。以"意见"一词为例，《现代汉语词典》中解释为：一是对事物存有一定的看法和想法；二是对认为不对的人或事不满意。日语词义根据《新明解国语词典》解释：一是心中的想法、看法；二是以自己的想法进行劝告。例如人老意见する/劝告别人。其中一是项词义相同，二是项则有差异。再如"妖精"一词，中日均有妖怪、精灵的意思；但汉语中，有以姿色迷人的女子之意，日语中则指仙女、仙子。如妖精物語/神话故事，花の妖精たちが踊っている/花仙子在翩翩起舞，ぁの女は妖婦と呼ばれている/那个女人被人称作妖精。

此外，"公式""单位""作文"等亦属此类。

第三节　日语词汇的感情色彩

语言是人类区别于其他动物的重要特征之一，是人类在生活中认识外部世界、表达对外部世界认识的重要传达手段。语言的功能归纳于社会功能和思维功能两个方面，是人类最重要的交际工具。人是有复杂思维和丰富感情的，而语言的重要功能之一就是表达和传递人们的情感，在交际的过程中，自然会带有某种感情。人的思想和感情来自丰富多彩的客观存在，是客观存在的反映。要用语言来表达这些反映，要使主体彼此间沟通这种反映，单一的纯理性的渠道是远远不够的，而必须在此间加入若干感性的因素，如心理的、感情的、格调倾向的等等，才能圆满地完成交际任务。

语言是人类所特有的一种以语音为物质外壳，以词汇为构筑材料，以语法为结构规则的符号系统和信息载体。在这个符号系统中，词汇是能够独立运用的最小的语言单位，词义可以分为概念意义（理性意义）、附加意义、语法意义和语境意义，其中感情意义则属于附加意义，即语言中所传达出来的感情色彩。感情色彩是指主体对客观对象的态度或感受，语言的交际不限于交流思想，还可以表达人们的愿望、意志和感情，有的时候，甚至纯粹是感情的表达。所以，在交际过程中，除了词汇和语法无误之外，正确运用词汇的感情色彩能够更准确地表达出说话主体的态度和想法。

一、具有感情色彩的日语词汇分类

日本人性格中的细腻以各种形式体现在日本人的语言、文学、艺术、日常生活等方方面面。其中，以语言表达最为突出，特别是情感的表达形式贯穿于日语的几乎所有词性的词汇语句当中，所以以感情色彩为依据对词汇进行分类是非常复杂但又十分必要的。

（一）从词汇本身及其形式分

从词汇本身及其形式上来分，可以分为三类：词汇本身具有感情色彩、词缀表达感情色彩、搭配表达感情色彩。

1. 词汇本身具有感情色彩

词汇本身具有感情色彩不仅指概念意义中蕴含着感情色彩，也包括通过感情意义、风格意义、内涵意义、联想意义等附加意义表现出来的感情色彩。如過失（过失、差错）、旧悪（以前的恶事）、憎い（可憎的、讨厌的）、うまい（可口的、巧妙地）等，其词义本身就蕴含了感情色彩。

2. 词缀表达感情色彩

词缀表达感情色彩是指词语本身没有感情色彩，但通过增加前缀或后缀而具有了感情色彩，或者本身虽然具有感情色彩，通过添加词缀后而增加了感情的程度或者使感情色彩发生了变化。如"まじめ"添加前缀"くそ"就从原来褒义的"认真"变成了贬义的"くそまじめ"（死认真）的意思了。"学者"添加后缀"ぶる"变成了具有贬义色彩的"学者ぶる"（摆学者架子）。再如，びる（排列）添加后缀后就具有褒义色彩了，"古びる"就成了"古色古香"的意思。

3. 搭配表达感情色彩

搭配表达感情色彩是指词本身不具有感情色彩，或者感情色彩不明显，但是经常与带有感情色彩的词一起搭配使用，用来表示积极或消极的感情色彩。如"起こす"在汉语中的意思是"发生"，不具有感情色彩，但是与之搭配的几乎都是灾害、麻烦等不好的事情。如火事を起こす（发生火灾）、ずれを起こす（产生分歧）、病気を起こす（生病）、地震を起こす（发生地震）等，由此，可以说"起こす"是与前面的具有贬义的宾语搭配，一起表达了贬义。

（二）按词性分

从词性上来分，主要分为感情形容词、感情动词、感情副词和终助词四类。

1. 感情形容词

广义上的感情形容词是指形容词中表达主观感情、感觉的形容词，与此相对，表现客观状态、性质的形容词被称作属性形容词。这是按照日语形容词的意义进行的分类。所以，感情形容词可以细分为感情形容词和感觉形容词，前者是表示人的心理状态的，后者是表示人的生理状态的。另外也有像「欲しい」这类表示人的希望、欲求的形容词，因为它只是一个单词结构，并且在语法上与感情形容词具有相同作用，因此将其归类于感情形容词当中。感情形容词和感觉形容词都属于状态形容词。但是，状态并不是永远不变的，受外部的作用与影响状态也会发生变化。根据结构要素与条件的变化，形容词的性质也有可能从主观转变到客观或者从客观转变到主观。在特定的条件下感情、感觉形容词有可能转变为属性、状态形容词，或者属性形容词有可能转变为感情、感觉形容词。

2. 感情动词

日语中动词主要是表示事物、物质、内心世界的动作、作用或者变化、存在的词。其中包含着表示人的感情、感觉、希望、愿望、意志、思考等所谓人的内在情绪的这一类动词，通常将这类与心理、生理以及精神有关的动词统称为情意动词。而情意动词又可进一步细分为感情动词、感觉动词、希望、愿望动词、意志动词、思考动词五类。由于说话人不能直接得知他人的内心状态的前提是不知道他人的内心状态，并且也没有任何外在征兆，所以说话人是将体察他人的外在表情、动作或者见闻他人的说话行为通知给听话人时，感情动词需要以「ティル」或者「ティタ」的形式表现。因此，感情动词与感情形容词相同，在第三人称为主语的感情动词谓语句中同样具有第三人称限制的问题，需要特别留意。

3. 感情副词

副词本身不具有活用性质，它主要修饰用言或者相当于用言的语句，这是副词的基本功能。但是部分情态、程度、陈述副词与情感表达关系非常密切，即具有浓厚的感情色彩，所以从这一角度上讲，我们也可以将其统称为感情副词。情态副词中包含了拟态词、表示状态（样态）和时间的副词。情感表达中的情态副词一般与情感主体有着密切的联系，将主体潜在的感情、感觉、希望、希冀等心情表面化，并且要与表示情感的谓语共现。程度副词是表示事物的性质、情态的程度的副词，具有修饰形容词、形容动词，限定情态性意义的功能。它们除与形容词可以共现外，也可以与移动、意志动词以外的感情、感觉动词或者表示情感的惯用短语共现。程度副词与情感谓语共现时的主要作用是限定内在情感的程度。但由于程度副词之间也各有不同，共现形式也有所差异，在使用时需具体问题具体对待。陈述副词与情感谓语共现表明了说话人对说话内容的内心想法。另外，根据陈述副词的作用，可以改变谓语用言的性质或者语气性。情感表达中的副词与情感主体的内心动态关系相当紧密。在结构上，它既与命题有关、又与句子整体有关。副词与谓语用言的共现、呼应形式多种多样，它作为一种语气共现要素在情感表达中发挥着独特的作用。

4. 终助词

人们在日语对话中会经常以终助词结句。说话人用丰富的日语终助词来表达不同的说话意图，表达对事情或听话人的感情或态度等。从结构来看，日语终助词具有完结语句和决定命令、疑问、感叹等句子形式的作用。从意义上来看，不同的终助词具有不同的意义概念，并且即便是同一终助词，根据情况的不同其意义也会有所不同。另外，从语用的角度来看，终助词包含了丰富的语气，由于说话人性别、年龄、身份、地位等的不同，其具体用法也各有不同。由于终助词承担着表达说话人情感的作用，所以可以认为它也是具有感情色彩的。

（三）三种特殊类型

具有感情色彩的词汇中有三种类型比较特殊，因为其本身容易混淆，是日语学习的难点，但是若想真正掌握日语、准确地使用日语交流自己的内心想法和真实意图，就不能忽视这三类词汇所蕴含的感情色彩。

1. 同形异极词

同形是指中日同形词中汉字的标记方式相同；异极指的是积极和消极不同的感情色彩。同形异极词即中日同形词中汉字的标记方式相同而感情色彩不同。前文我们已经讨论过中日同形词，知道对于日本的汉语学习者和对于中国的日语学习者来说，同形词都是一把"双刃剑"。除了对词义的把握，感情色彩的正确与否也会影响说话者意图的真实表达。对于基本义相同和同中有异的同形词的使用往往容易受到母语负迁移的影响，以致感情色彩出现错误，使说话者的意图发生本质的变化，从而使交际双方在交流内容的理解上产生偏误。所以，对于这一类词汇中的感情色彩也应该引起学习者的重视。

2. 同音异极词

发音相同而意义不同的词作为同音词。同音异极词指发音相同而感情色彩不同的词。有些动词同音词从词源上分析可能是有派生关系，可通过不同的文字标记，来有意识地区别概念意义，将其作为不同的单词处理。概念意义不同，往往所附带的感情意义也有所不同。感情意义的误用，可能使语言的表达与内心真实想法大相径庭，所以，这类同音异极词与同形异极词一样，应该引起学习者的重视。

3. 褒贬两极词

褒贬两极词是指一个词同时具有积极和消极两种感情色彩。例如，汉语中的"骄傲"可以表示"自以为了不起"，所以有"虚心使人进步，骄傲使人落后"的消极意义；还有"自豪"的积极意义，如"我们为祖国的繁荣富强而感到骄傲"。日语中也有一部分词同时具有积极和消极两种感情色彩。例如，"慰む"可以表示"心情愉快、安慰"的积极意义，也可以表示"玩弄、调戏"的消极意义。属于此类的词还有不少，由于这一类的词所表达的几乎是完全相反的两种主观感受或意图，所以一旦误用就非常容易引起交际双方的误会，甚至产生冲突。因此，其重要性也是不言而喻的。

二、具有感情色彩的日语词汇的特点

具有感情色彩的日语词汇数量非常多，但并非杂乱无规律，所以了解其特点有助于准确、高效地掌握并使用这些词汇。

（一）构词词素的感情色彩决定词义的感情色彩

单词的构成要素称为词素。词素又可以分为词基和接辞。构成单词的主要成分并表示词义的核心内容的词素称为词基。而附属在词基前后、补充某种意义或语法作用的词素称为接辞。词素的感情色彩往往决定着这个词义的感情色彩，所以，合成词的感情色彩可以通过了解词素的感情色彩来掌握整个词的感情色彩。

1. 通过词基的感情色彩来把握词汇的感情色彩

研究词的构成是我们分析词义及其语法功能的一个重要手段，特别是在分析汉语词的时候经常使用，野村雅昭将日语中的汉字语素称字音语素（子音形熊素）。对于合成词来说，汉字的核心词素——词基的感情色彩往往就决定了整个词的感情色彩。如，"悪（めく）"的意思是：①よくないこょ（不好的事情）；②好ましくないこょ（不喜欢的事情）；③悪いゃつ（坏人）。根据《新明解国语辞典》以下简称为《新明解》，悪是带有消极的感情色彩，从而带有"悪（めく）"词基的"悪因""悪疫""悪绿""悪化""悪感情""悪漢"等合成词则都是贬义词，具有消极的感情色彩。由此可以看出，这些本身带有褒义或者贬义的词基，决定着整个词的感情色彩，汉语词的感情色彩往往受其词基的限制与制约。所以说，词基本身带有的感情色彩决定了整个词义的感情色彩，即使是汉语合成词的两个字音语素中只有一个具有消极意义，另一个不具有消极意义也会对感情色彩产生影响，如"乡愁""哀感""悲观""旅愁"等。

2. 通过接辞来把握词汇的感情色彩

"接辞"在汉语中一般称之为"词缀"，分成"前缀"和"后缀"，部分词可以通过词缀来表达感情色彩。如，前缀"ぇせ"：「もょ、悪い・劣悪の意」うゎべは似ているが、実質はめらゅる点で本物に劣るこょを表す（虽然有点相似，但实质上在认可这一点上表示比真的逊色）。《新明解国语辞典》中，如"ぇせ君子""ぇせ学者"中的"君子""学者"本来是褒义词，添加了"ぇせ"

前缀变成了具有贬义色彩的"伪君子""冒牌学者"。再如，"か、ぜ"：おれは…だからお前たちと違つて偉いんだというう様子（"啊，是啊"：所以和以前不同，是很了不起的样子），《新明解国语辞典》中的汉语意思是"摆出……架子"。因此，先輩かぜを吹かす（摆老资格），学者かぜを吹かす（摆学者的架子），都是贬义词。"御"多是表示美化语的前缀，放在天皇或者神佛一类词语前面，如御歌（皇族作的和歌）、御隠れ（驾崩）、み仏（神佛）等，表示尊敬、郑重的积极语感。由此可见，前缀和后缀的感情色彩也能够决定整个派生词的感情色彩。

（二）语音对日语词汇感情色彩的影响

一般来说，语言的语音和意义之间没有必然的联系。但是有些日语词汇的感情色彩却和语音之间存在着对应关系，这是日语词汇的感情色彩的又一大特点，也是区分感情色彩的又一手段。

浊音往往更多含有贬斥的消极感情色彩。因为日语词汇一般以清音为主，以ガ、ザ、ダ、バ等各行音开头的单词很少，而且近现代产生的、属于俗语的较多。所以，以浊音开头的词汇往往给人以粗俗、消极的语感。如どぶ（脏水沟）、ばてゐ（累垮）、ばい（骂）、ばが（笨蛋）等。含元音 e 的拟声拟态词大都形容某种消极、庸俗的状态。如けちょんけちょん（体无完肤、落花流水）、ばんない（无精打采、兴味索然）、せかせか（慌慌张张）、ね（黏糊糊的）、べたべた（筋疲力尽）、べろべろ（烂醉如泥）、めろめろ（散漫、松垮）等。当然，语音和词汇的感情色彩的对应关系不是绝对的，但是，可以通过单词的发音形式对词汇的感情色彩进行初步判断，对于说话人所要表达的意图也有所了解，特别是对于自己不知道的生词，通过发音形式对词汇的感情色彩进行推测，可以使某些语言交际顺利进行，对语言的正确理解还是有好处的。

第四节　日语词汇教学

一、中日同形词的正负迁移作用

知识的迁移是指一种知识的学习对另一种知识的学习的影响。从迁移的影响效果看，分为正迁移和负迁移。正迁移一般是指一种学习对另一种学习的积极影响，包括一种学习使另一种学习具有了良好的心理准备状态，所需的时间或练习的次数减少，学习的深度增加或单位时间内的学习量增加，使学习者顺利地解决了面临的问题。负迁移一般是指一种学习对另一种学习的消极影响，多指一种学习所形成的心理状态，如反应定势等对另一种学习的效率或准确性产生了消极的影响，使另一种学习所需的学习时间或所需的练习次数增加或阻碍另一种学习的顺利进行、知识的正确掌握等。一般而言，两种学习间的刺激越相同，且两种学习之间的反应越不相同，越能产生负迁移。所以，在教学过程中，教师应该尽力实现知识的正迁移，而规避负迁移的影响。

在日语教学中，中日同形词占比较大，由于学生对这部分字形较熟悉，可以看作是学习日语的正迁移因素，所以教师要充分利用这一优势，引导学生发挥更大的正迁移作用。这样不但可以培养汉语初学者的入门兴趣，还可以让其快速入门。这种正迁移作用对初级日语学习者学习日语词汇有着得天独厚的优势，尤其是对于同形同义词，学生在理解和记忆过程中，表现出更高的记忆效率和更好的记忆效果。而在阅读过程中，由于文章中有很多自己熟悉的词语，所以既可以提高学生的阅读速度，又可以减轻初学者的畏难心理，即使是对于没有学习过的词汇，阅读者也可以尝试猜测其中的意思。

中日同形词的存在，在学习者初学日语时可以发挥出明显的正迁移效果，然而，随着学习不断深入，学习内容不断增多，学习难度也不断增大，学习要求也会相应提高，因此学习者必须准确理解并掌握日语词汇的含义及其表达方式。在这一阶段，知识的负迁移效果会更加明显，成为学生学好日语的障碍。这主要体现在基本义不同和同中有异两类中日同形词中。由于母语的影响已根深蒂固，所以在这一阶段，对于这两类词汇的认知与记忆会形成更多的干扰。大部分学生对中日同形异义词的认知都比较差，他们感觉不到两者之间虽然词形一样，但是意义却完全不同，即使是教师讲解之后，由于记忆难度较大，如果不能准确记忆，学生还是无法准确进行区分。所以，在遇到这类词时，学生基本上是以其汉语中的词义义项来套用日语中的意思，导致负迁移的产生和理解上的偏误。此外，同形近义词由于本身就不太容易辨别，一般只是在感情色彩、使用对象以及语气轻重等方面有微妙差别，加上先入为主的认知干扰，所以也会出现负迁移作用，成为学生学习日语的难点。

二、中日同形词教学

学生在学习同形词的时候，受其母语的影响非常大。这在学习同形同义词是一种优势，可以实现知识的正向迁移，但是对于同形异义词和同形近义词的学习则易产生负迁移影响。所以教师在教学过程中，一定要高度重视这部分词汇的讲解，通过使用不同的教学策略充分调动学生的思维，并辅以必要的课后巩固、练习，尽量使学生熟练、准确地掌握这部分词汇在日语中的词义和用法，并引导学生在具体语境中进一步练习。

（一）合理地安排学习顺序

语言的学习一般都是按照从易到难、从简至繁的顺序。对于中日同形词教学，教师一定要有意识地安排学生对这一部分词汇的学习顺序。已知中日同形词主要分为基本义相同的同形词、基本义不同的同形词和同中有异的同形词三类。而自学生开设学习日语之初，教师对于这部分词汇的讲授顺序就应该有一个大致的规划，即应该先学习同形同义词和同中有异类词义相同的那一部分词汇，即"共性优先"原则。也就是说，把中日完全相同的词汇和中日交叉关系类词汇中的交叉部分作为初学者的教学内容。这样，在学生已经有了一定基础或掌握了一分部词汇的基础上，再逐次增加新的内容。由于在初期接触到的内容往往印象更为深刻，加上学习者兴趣较高及母语的正迁移作用等诸多有利因素的影响，学生可以牢固地掌握中日同形词中相同的部分。这样做有两个好处：一是在之后的学习中，有利于学生区分同形同义词和同中有异类词义；二是学生在遇到其他没有学习过的词汇时，可以根据已经牢固掌握的词汇进行推测，了解文章或对话中的大概意思。

（二）语义、语法、语音、语用结合

语言是有一定规律的，要使对方理解自己的语言，不能只是进行单词的简单罗列，而是必须要遵循一定的规则，即语法。而在遣词造句中，语义决定着词语搭配的合理性和词项之间搭配的取舍。所以，语义和语法是相互制约的。另外，听、说是语言的基本技能，语音的学习既是口语对话的前提，也是进行书写记忆和词义记忆的辅助手段。而语用学是研究言外之意的学问，在实际的交际过程中，理解言外之意也是非常重要的。所谓语用就是词语在一定的语境里是否使用得当，与上下左右的词语是否搭配合理，语体色彩是否和谐一致。中日同形异义汉字词，由于词义与词性的差异及两国社会习惯的不同，表现在语用上的差别也非常明显。所以，语义、语法、语音、语用虽然属于不同的平面系统，相互之间既有区别又有联系，它们之间相互影响、相互制约，并相互补偿。所以，在进行中日同形词教学的过程中，要将语义、语法、语音、语用相结合进行分析对比。这是因为，上述四者是不平衡的，一旦在一个平面上规则简单，就意味着在其他平面上复杂，所以在字形相同的前提下，将词义与语法、语音、语用相联系，有利于学习者进行区分，只有将差异清晰化，才更容易记忆和掌握。例如，中日同形异义汉字词在句子成分的搭配上差别很大。所以，结合其词组搭配、语法结构进行词义的记忆可以达到事半功倍的效果。例如"科学"一词，在汉语中可作名词，如"自然科学"；也作形容词，如"这种工作方法不科学"。单纯记忆这类词难度较大，但将其放进句子或词组中，借助语法的区别记忆则容易得多。

（三）使学生自主探究其用法

在诸多学习方法中，学生对于自主进行研究所获得的信息记忆最为牢固，但由于这一方法费时费力，不能过多使用。中日同形词中不同词义的学习是学习日语的一大难点，适当运用这一方法能够取得较好的教学效果。教师可以事先准备一些即将要学到的同形词，然后将其平均分给不同的组，让学生自己查资料弄清楚其区别和用法，然后在课堂上进行讲述，最后再由老师补充和纠正。这种方法可以极大地调动起学生自主学习的主观能动性，激发他们的学习热情和积极性，同时也能够加深他们对这些同形词的印象，取得较好的记忆效果。

（四）讲义分类整理

由于中日同形词较多，所以单纯依靠课堂时间，学生根本不可能完全掌握，所以，必须利用课后的时间及时进行复习、巩固，讲义在这个过程中可以发挥重要作用。教师可以根据词汇之间的区别，以列表的形式，把中日同形异义词和同形近义词在词义范畴、语体色彩、搭配习惯和词性等几个方面进行列表对比。这样学生在课后复习的过程中可以一目了然，从学习生词开始就最大限度上避免了将来有可能会产生的负迁移和形成的偏误。此外，还可以针对讲义内容，设计一部分翻译练习题或写作题目。一方面，通过大量的翻译练习，可以让学生同时对中日同形异义词和近义词从直观上做对比，从客观上避免日后的母语负迁移的干扰；另一方面，通过写作练习，可以培养学生利用中日同形异义词和同形近义词遣词造句甚至组段的能力，对用词的准确性和表词达义的通顺性又提出了更高的要求，而教师可以通过这样的翻译和写作练习发现学生对学习内容的掌握程度以及出现的问题，并给予及时纠正，从而提高学生的中日同形异义词和近义词的使用正确率。

三、日语感情词教学

为了表达方便暂且将具有感情色彩的词汇统称为感情词。感情词在一定程度上决定了说话主体的态度和想法，所以对于交际双方意图的真实表达具有重要意义，特别是中日同形词中"感情色彩"不一致甚至是相反的词汇，更要引起足够的重视。

（一）教师方面

在教学过程中，教师要积极运用正迁移，避免负迁移的产生。对词的感情色彩进行重点强调，特别是所列举的三种特殊类型要给予足够的重视。讲解单词也要对其具有的感情色彩有所侧重，同时，对于有感情色彩不同所产生的近义词要进行辨析讲解和联想教学。如"つら"和"かお"的概念意义都是"脸"的意思，但是"つら"一般都用于不好的场合，是贬义词，而"かお"则不具有感情色彩，是中性词，使用时应该根据场合的不同加以区分。另外，要使学生从初级阶段就养成查词典的好习惯，从日汉词典逐步到日语原版词典，这样避免了生词表中只是对部分词义标注的弊端，同时利用日语原版词典，对其补充释义所带有的感情色彩也能有所了解，这样对词的理解不仅集中在概念意义层面，还能对其附加的感情意义也有所了解。教师还应尽可能多地布置一些相关的翻译、写作的书面作业，及时发现学生在词汇使用方面的问题，特别是在感情色彩方面误用的情况，进行细致的修改和纠错，并提醒学生注意，避免类似的错误再次发生。

通过对《日汉同形异义语词典》中收录的 1 400 对中日同形词进行研究发现，大约 47% 是有感情色彩的，其中有 388 对感情色彩是不一致的，大约占总数的 27.71%。所以，如果不能掌握这部分词汇的感情色彩，对于交际双方意图的表达极易产生偏误，特别是中日同形词中感情色彩相反的词汇，更要引起足够的注意。同形词的感情色彩受其构成的字音语素影响很大，因此，对于同形词，教师在教学过程中应该将合成词进行拆分，对其中具有感情色彩的词基进行讲解，再列举词基所构成的合成词，这样学生不但可以举一反三，对词汇学习进行扩展，同时对具有相同词基的合成词的感情色彩也能有所把握。通过词基的感情色彩来判断整个词汇的感情色彩，对于中国的日语学习者来说，是很大的优势，也是行之有效的一条捷径。

（二）教材和词典编纂方面

现行教材的生词表主要是以概念意义注释为主，其感情意义等附加意义没有得到充分的体现。为了使学习者了解词汇的感情色彩，建议将词汇的褒贬感情色彩标注出来，日语原版词典可参照《新日汉辞典》（辽宁人民出版社），将词汇的感情色彩一一标注出来，而不是将词汇的感情色彩隐含在补充释义中，使学习者更能够一目了然。

总之，日语词汇的感情色彩对于词汇的学习和理解是非常重要的，在言语交际中也占有举足轻重的地位，教师和学生在日常的教学和学习活动中应给予足够的重视，使日语词汇学习更加事半功倍。当然，作为词汇的一部分，其教学和学习与一般词汇或中日同形词有诸多相同之处，如与语法、语用结合，单独整理讲义等，所以教师应根据教学大纲要求灵活选择合适的教学方法、手段，以求达到最理想的教学效果。

第四章　日语语法教学研究

大学语法教学是日语教学的一部分，而且是重要的一部分。日本语法学家的诸多语法流派对日语语法都进行了系统的研究，且各有所长；而我国的日语语法教学既要在日本语法流派的基础上采众家之所长，又要符合我国日语学习者的特点。在我国大学日语语法教学的对象较为复杂，学生中既有日语专业的，又有非日语专业的，所以更要根据学生的实际情况建立一套行之有效的语法体系，来指导大学日语教学活动。本章主要介绍日语语法流派、日语语法教学现状和导入原则以及语法教学。

第一节　日语语法流派

日语语法研究的兴起，与古代日语和汉语，即汉语文言文的接触不无关系。古代日本人在进行汉语翻译时发现了日语中与汉语的"虚辞（虚子）"相对应的（语法）形式，并将这些语法形式统称为「てたをは」，这可以看作日语语法的最早发现。到了江户时代，由于日语的语法已经发生了一些变化，为了能够读懂古典诗歌，出现了一批研究日语文言语法的国家，并取得了丰硕成果。时至明治时代，日本为了建设现代化国家，开始了语言文字的改革，为了确立标准语，开始在小学正式开设语法课，此时期的语法教科书基本上是模仿英语语法编写而成的。19世纪末，「広日本文典」出版，该书是第一部系统地阐述日语文言语法的专著，其语法系统被称为「和洋折衷」的产物，它将江户时代以来的语法研究成果与英语语法的理论方法熔为一炉，使二者有机结合成一个系统的整体。这也预示着日语语法研究进入一个新的时期。20世纪，日本学者对日语语法的研究有了显著的发展，以山田孝雄、松下大三郎、桥本进吉和时枝诚记分别命名的山田语法、松下语法、桥本语法、时枝语法成为现代日语语法史上最具影响的四大语法流派。

一、山田语法的主要理论

山田语法是山田孝雄在吸收西方的逻辑学和心理学的基础上创建的日语语法体系，它的语法体系分成词法学和句法学，其中心思想是"统觉作用"，也就是"陳述の力"。他认为句子是"由'统觉作用'所统一的思想通过语言的形式表现出来的东西"。何谓"统觉作用"，是指人们认识客观世界时，单凭感官从外界得到的感觉，以及这些感觉材料的简单积累是不能产生思想的。必须由人的主观意识中的某种功能使感觉材料清晰地反映于人的大脑，或对这些材料进行综合统一才能产生思想。这种功能就是所谓的"统觉作用"。统觉作用是山田语法的核心理论，是词类划分的基础，也是句子结构理论的主要支撑。山田根据词与词的关系将词分成了"観念語"和"関係語"。"観念語"即一个词就可以表达一个意思，而"関係語"则不具备这样的性质，必须接在"観念語"后面起辅助作用，所以"関係語"为助洞。山田利用"统觉功能"区别了体言和用言，用言除了具有意义属性外还具有将体言、用言等其他词组合在一起的统觉能力。在词法研究中，最具代表性的是将助动词称为"複語尾"并归为用言一类。他批判了助动词不具有词的"独立表达思想"的性质，却将其归入用言，不能不说这是其词法学上不彻底的地方。

在句法上认为"句とは一回の统觉作用の活勤たょってできた思想が言語た現されたもので文の素たゐのを句とぃう。文とは统觉作用たよりで统合せられゐ思想が、言語とぃふ形式たよりで表現をぃふ（所谓俳句，是指在一次统觉作用下所产生的思想在语言中所表现出来的，而句子的本源就叫做俳句。所谓文，是指在统觉作用的基础上被统一的思想，用语言这种形式来表现）"。由此可见，"统觉作用"是词组和句子构成的关键，和"统觉"类似的用语是"陈述"，这不是一个语法用语，所谓的"陈述"就是主语和谓语是如何结合起来的。山田的句法学所表达的是主语对一个句子表明自己的态度和意见，对主语和谓语进行综合统一来表达自己的思想，带有主观性。但是，山田语法作为日本传统三大语法之一，至今仍然受到语法界的高度重视，甚至有人说，不研读山田语法就谈不上研究现代日语语法。

二、松下语法的主要理论

松下大三郎的语法一般以普通语言学为主要对象，重视日语与西方语言的比较。因此，在他的语法中经常出现与西方语言的对照研究。松下认为，语言与其内含的"思念"（思想）结构有着密切关系，即语言通过客观方法（声音或文字）唤起发音的意念，由此再现"思念"。其中"思念"分为"观念"和

"断定"两个阶段。"观念"包括既具体又特殊的概念和既抽象而普遍的概念。"断定"是思想单位，是人"对事物的观念性了解"。松下语法认为语言是以声音或文字作符号表示思维概念的一种手段（音声または文字を記号として思念を表示すゐ方法物），是包括助词和文章在内的总称。语法研究的单位分为"原辞"（构成词的成分，语言的最小单位）、"词"（构成断句的成分，本身即可表示概念，因此不包括助词、助动词）。词又分为单词（如"山""川"）和连词（如"春の山"）。比原辞和词更大的语法研究单位是"断句"（表示断定的连贯词语，是说话的单位）。因为把助词、助动词作为原辞处理，所以不列入品词分类。五大品词是：名词、动词、副词、副体词（表示属性的，起连体修饰作用的词）和感动词。其中动词又分为活用和无活用（如"出凳"）、形容动词（如"静かた"）、动作动词，进而又分运动性（"行く"）、静止性（包括"意志性"，如"居ゐ"）、自然性（如"在り"），再进而细分为分主性—合主性、归着性—非归着性、他动性—自动性。另外还有依据性、出发性、与动性、一致性、生产性动词。将助词、助动词称为静助辞和动助辞，属于原辞。

"原辞"的设立是松下语法的特点之一。"原辞"分为"完辞"和"不完辞"两类，前者指"春·山""速し·近し""最も"等"词"，后者包括助词、助动词、接头词、接尾词等。"完辞"可以单独成为"词"，"不完辞"不能单独成为"词"，必须与"完辞"结合才能成为"词"。由于松下语法"词"和"原辞"的内容互有交错，其中部分内容又相当于桥本语法的"文节"，所以这是其语法的难解之处。

松下语法的"断句"相当于句子，分为"单断句"和"连断句"两种形式。单断句指一般的单句，连断句即指一个句子中包含一个从句的形式。

综上所述，松下语法的特点大致可以归纳为以下几点：一是认为语言思维与事实有某种联系，力图在理论上找出语法的基础。属于理论语法，同时具有一般语法的特点。二是将语言分成原辞、词、断句三阶段，即原辞论（从形态上观察单词）、词论（有机地观察词，相当于文节论，并作品词分类，而品词中不包括助词、助动词）、相关论（相当于文章论）。三是将助词、助动词不列入品词分类，即是将"辞""词"的概念从形态和意义两方面明确区分，称为动助辞、静助辞，用以表示"格"和"相"，从"纵""横"两方面有机地、立体地把握语言的结构。四是最早地从本质上提出了若干语法概念和术语，如"待遇相""补助动词""题目语""双重主语"等等以及对"格""相""法""态"的论述等。

一般认为，松下语法在品词分类等方面较重视"意义"，同时在其他方面又重视"形态"，在二者的结合上有独自特点。因此，有人认为松下语法是理论主义的"意义论",也有人认为是形态论。总之,松下语法具有独创性、复杂性和不易理解等特点。

三、桥本语法的主要理论

桥本进吉是日本昭和初期著名的国语学家、语法学家。桥本尽可能用客观观察的方法观察句子,从语音开始研究语言现象,总结、归纳日语语言规律,提出了著名的"句节说",并在此基础上建立了自己的语法体系。桥本语法的精髓就是"句节说",该学说是明治时期以来,最具有创造性的发明。被誉为自山田孝雄之后又一位开创日语语法体系的著名语言学家。桥本认为,语言是在一定的语音上结合一定意义的、是人们为了把自己的思想感情传达给别人的手段,而实际使用语言时,则采用句子的形式。关于句子,他认为是"具有内容和外形的一种语言上的单位",是"语法中最大的语言单位"。这是从意义和形态两个角度对句子的分析。然而,在桥本语法中,实际上并不太重视语言单位的意义,而偏重于句子的形态,即语音特征。桥本从研究语音开始,通过语音的连贯性、停顿、语调等自然语言现象,总结出构成话语的基本表现形式——句子的外部特征。"句节说"就是在此基础上确立的。所以,人们常把桥本语法学说称为形式主义的语法学说。

与山田语法相比,桥本语法的最大特点是注重形式,受西洋的音韵学的影响,在语言的单位上设置了句节的概念,这是其语法的灵魂,也是其主要的贡献所在。在日本,学生从中学开始学习语法,都是以桥本语法为蓝本的,所以桥本语法也是日本学校语法的主要理论基础,称为"学校文法",但是却越来越受到大家的批判。

在桥本语法中,句节是按照音的形式划分的,具有以下特征:一是一定的音节按照一定的顺序排列,而且是连续的音节;二是构成句节的各个音节的音调是固定的;三是在实际的语言运用中,前后的音节是相对独立的;四是最初的音和其他的音或者最后的音和其他的音之间是有不同的限制的。

由此可见,桥本语法完全抛弃了山田语法对于意义上的重视,而且对语音的形式层面更加重视。日本以桥本语法为蓝本的"句节语法"来学习语法,在词与句子之间设置了句节。诚然,对于句节的正确使用和认知,可以加强日语的思维意识,但是使词一定要为句节服务,使词只具有词汇意义,就缺失了语法意义。而且,词也不是构成句子的最基本的语法单位,日语呈现的与其他语种不同之处,很难用普通语言学的理论加以分析。另外,对于我国的日语学习者来说,句节这一语法单位是比较陌生的,汉语中完全不能找到等同的概念,所以学生在认知上是有难度的。因此,我国高校的日语教学不能照搬日本的学校语法,桥本的句节语法也并不适合我国的日语教学。

四、时枝语法的主要理论

时枝诚记是日本 20 世纪最著名、最具影响力、最富创见的语法学家，"语言过程说"是他针对结构主义语言观提出的对语言本质的根本看法。他以语言过程说为理论基础创立的时枝语法既有很深的传统语言学思想的历史渊源，又深受西方哲学尤其是现象学中的意向性理论的影响，这样双重的背景使得时枝语法具有鲜明的特性。

时枝与桥本不同，他最关心的不是音韵或语言的形式，而是语言的本质问题。他从日本人的生活语言入手研究日本语的本质，建立了"语言过程说"的理论。时枝认为，语言是语言主体以声音、文字为媒介来表现或理解思想内容的一种过程。他把语言行为（表现行为或理解行为）的主体（即说话人或听话人）称为语言主体，认为语言主体、场面（包括对方）、素材三者是语言的存在条件。

这种语言过程说是与语言构成观相对立的。语言构成观（日文为"言語構成観"）是时枝在他的《国语学原论》中对索舒尔的语言观进行批判时提出来的。按语言构成观的见解，声音、文字是语言的构成要素，"语言就是思想和音声或文字结合而成的一种构成体"。时枝认为，语言构成观的这种对语言的看法和研究方法，和把物质分析为原子以研究其结合状态的自然科学的物质观和方法很相类似，这不能完全说明作为属于"人的事实"的语言的一切现象。时枝认为，语言的本质在于语言主体的概念作用本身，声音、文字是语言的过程。在他的理论中正面提出了语言主体，强调了以往语法理论中常被忽视的"人"的因素。

可以说，这种独特的语言观贯穿于整个时枝语法体系中。这是时枝把萌芽于古代的"歌学"和"国学"中的日本的一些固有的朴素的语言观，参照日语的现象事实，利用近代的科学方法和理论，进行了绵密的研究后建立起来的。时枝认为对日语的研究就应该和对语言本质的研究结合起来；他同时认为语言就是实际存在的语言，日语本身就是一种独立、完整的语言，同法语、德语等一样，并不是构成世界语言或整体语言的一部分。

在时枝语法中，认为日语中的"词"（し或ことぱ）和"辞"（じ或てたをは）是日语固有的表现形式。时枝认为"词"是经过概念过程的单词，"辞"是不经过概念过程的单词，"词"和"辞"结合起来构成"句节"。"句节"必须经常包括作为概念化表现的"词"和作为主体立场的直接表现的"辞"，才能成立。日本人具体的思想的表现，总是通过"词"和"辞"的结合来完成的，把语言区分为"词"和"辞"，也可以说是时枝语法的另一个重要的特点。

由此可见，四大语法流派的理论核心都各有侧重，如山田是在心理学和逻辑学的基础上，对语言进行认识，人脑的统觉作用是其理论基础；松下则是以普通语言学为主要对象，重视日语与西方语言的比较，其语法体系是意义论和形态论的统一；而桥本是从音韵学的角度，从形式上对语言进行研究；而时枝则认为语言本身就是思想，思想和语言其实是一个整体。无论从哪种角度上进行研究，其理论基础都无法避免对词的分类和对句子结构的分析，可以说四大语法流派研究的焦点也都集中在词的分类和句子结构的分析上。但是，上述四大语法流派虽然在现代日语语法史上占有举足轻重的地位且各有所长，但是对于我国的日语学习者来说却并不适应，所以我国日语教师不能全盘照搬其中任何一种语法理论，应在吸收各流派思想理论的基础上，从我国学生的实际特点出发，探索适合我国的语法体系，使其能够更好地指导教学实践。

第二节　日语语法教学现状及导入原则

一、高校日语语法教学现状

我国的日语教学历来就很重视语法教学，语法教学是日语教学中的基础学科，其他任何日语课程都离不开语法知识的运用。我国出版的日语教材一般都重视语法的阐述，语法在教材中占有很重要的地位和相当大的分量。时代的发展对日语专业人才提出了更高的要求，为了适应社会的进步和市场经济的需要，近几年的日语教材和教学大纲都做了调整。调整后的大纲更加注重培养学生的日语综合应用能力，特别是听说能力。大学日语教材更是推陈出新，出现了许多新版本。绝大多数教材均以交际法为纲来编写，以培养能用日语进行书面和口头交际的学生为目的。由于听说法和交际法的运用，语法教学的历史地位被削弱，语法似乎成了可有可无的项目。实际上，交际型教学法并不排斥语法的教学，培养学生的交际能力是目的，而语法是构成交际的重要组成部分。所以，高校日语语法教学不是以研究语法为目的，而是将语法作为手段，来提高学生日语运用的能力，通过日语语法的学习，使语言的运用更加准确。语法教学是培养语言实践能力的手段。但在实际操作中，很多日语教师放弃了语法的教授。因此，由交际法培养出来的学生虽然口头表达能力比较强，但是很多学生语言基本功不扎实、不全面，在交际过程中，在日语口语方面往往语法错误百出。

虽然近20年来我国的外语教学研究有了长足的进步，但是仍然存在一些问题，如有不少教师受教育背景、传统教学方法及理念的影响，在运用以学生为中心的教学模式时不能有效贯彻新的教学理念。在各大高校，大多数教师仍然使用语法翻译等较传统的教学方法：首先采用演绎法讲授语法规则——先讲一条语法规则，再举几个例句说明，并把例句译成母语。然后让学生做大量的语法练习——做选择题或汉译日练习。这种授课方法主要是以教师为中心来展示和解释语言中的语法概念与规则，再进行翻译。由于语法翻译法的可操作性强的特点，对教师的水平要求不高，照本宣科的倾向性大。造成学生被动地接受语法知识，学习兴趣不大。许多大学日语教师在实际的课堂教学中，依然走语法翻译法的老路，不根据新情况研究新教法，不采用经实践证明的正确的教学法，结果违背大纲和教材的初衷，也难以培养出能运用日语进行交际的学生，也达不到理想的教学效果。

日语语法在我国日语教学中经历了从"过分强调"到"备受冷落"两种不同的境地，而简单的语法翻译法也难以培养出真正的日语专业人才，如何客观辩证地看待语法在日语教学中的地位和作用，一直备受争议。这就要求高校日语语法要针对我国日语学习者的特点，对学生易混淆的语法体系进行详细的讲解，使语法尽量简洁易操作，而不是单纯地记忆复杂的规则，所以高校语法教学既要坚持"以学生为中心"，又要切实培养学生的语言交际能力。

二、高校日语语法教学导入原则

(一) 从"学习者的角度"出发构建日语教学语法

对外语学习者来说，语法是"赖以学会使用语言的手段"。学习者的目的是为了学会如何使用这门语言，语法只不过是达到这一目的的一种手段而已。也就是说，学习者不是想学语法，而是想学语言，他们的目的是能够通过学习而将这种语言作为交际的工具。与此相反，对于母语说话者而言，思考母语的语法，是一种"探索、梳理现行语言结构"的工作，这种工作本身就可以成为目的。从语言学角度来探讨日语结构的"日语语言学"语法，正是这种源自母语说话者角度的语法。由于母语说话者与学习者的语法观迥然不同，所以说现代日本四大语法理论虽各有所长，但并不完全适用于我国的日语学习者。因此，母语说话者（或者虽非母语说话者但已熟练地掌握该语言的人）在考虑教授语法时，有必要认真审视自己思考语法的角度是否与学习者的角度一致的问题。

"会说日语"与"懂日语"是两回事儿，并不是随便一个日本人就能教日语。作为一名日语教师，必须探索母语说话者在日常无意识的情况下使用日语的潜在知识体系，同时必须掌握把日语作为世界上诸种语言之一而进行客观分析的能力。而日语语法教学也必须建立在"学习者的反应如何"这一立足点之上才会体现出其意义和效果。

对于学习者来说，语法体系不是静止的，而是由初级到中级、由中级到高级持续变化着的一种动态连续体。与此相反，成人母语说话者的语法体系则是已经定型的静态体系。与已经成型的母语说话者的语法体系相比，学习者的学习过程并不是把完整体系的各个部分分解开来逐一掌握的过程。比如，学习者的语法体系的形成过程并不是像完成拼图那样，把一块块小图片拼接起来最终完成一个图形，而是在一个粗线条素描的基础上，一笔一笔地画，直到形成一幅完整的图画。所以，高校日语语法教学必须从"学习者的角度"出发并进行构建，将日语看作学习者希望用来进行交际的工具，而语法是学习者借以学习日语、掌握日语的工具。

（二）构建按需所取、循序渐进的日语教学语法

日语语法是一个复杂而庞大的知识体系，对于一个非以日语为母语的人来说，想要用日语进行日常交际，就必须学习日语语法，这一点无可置疑。但是，从另一方面说，想要用日语进行日常交际并不是一定要学会、掌握全部的日语语法。对于大多数的日语学习者来说，他们要的只是运用日语进行交际的能力，能够用日语准确地表达自己的想法和观点，能够理解日语说话主体的观点，能够阅读日文资料就足够了，而不需要把每一种语法结构、表达方式都吃透、会用，事实上大多数人也做不到这一点。再或者说，有些语法项目，在初级阶段没有必要一定要会说，只要能理解就可以。所以，对于日语语法教学，应该遵循按需所取、循序渐进的原则，构建一个逐层递进的语法知识体系，根据学习者需求的高低和轻重缓急，逐渐推进。例如，教授「～ところだ（……的时候）」时，可以教授需求程度较高的「～したところだ（做了……的时候）」，然后教授「～ているところだ（正在做什么的时候）」，这样学习者才可以迅速地掌握并学以致用。但是，如果教师在讲解到「～ところだ（……的时候）」时，为了拓宽学生的知识面，同时将这三种形式甚至更多其他相近的表达同时进行讲解的时候，反而会增加学生的记忆负担，造成知识点之间的相互干扰，降低学习效果。

（三）重视学习者的学习过程

对于我国学生而言，日语相对于其他外语来说更特殊一些，尤其是中日同形词的大量存在，使我国学生在学习日语时多了更多的优势和阻碍。换句话说，我国学生在学习日语的过程中无论是正迁移作用还是负迁移作用都比英语的学习要多。加之语法是语言学习过程中难度较大的一部分内容，所以，高校日语语法教学尤其要重视学习者的学习过程。语法作为信息由教师输入给学生，而只有被学生理解了的输入才能通过信息加工被学生内化，因此要以学生的接受能力为出发点，合理安排语法教学要注意以下几点。

第一，高校日语学习者学习日语的目的是将其作为交际的工具，尤其是在今后的工作中，需要与日本人进行交流的情况下，懂日语、会说日语可以给他们带来很大的便利。在这个过程中，沟通的前提是友好，只有交流双方都以友好的态度进行交流才能促成合作与共赢。学习者首先应该学会在不给听话者带来任何不快的情况下进行自我表达及观点阐述。因此，考虑到实用性和形式上的难度，对于一些在友好前提下可能引起听话者不快或误解的表达应从初级教材中删除，这是为了防止学习者尤其是初学者在语法知识掌握不扎实的情况下出现误用，造成不必要的麻烦。

第二，目前教材里所采用的语态方面的语法项目和学习者学习能力之间的差距较大，所以应该剔除从实用度上来看可有可无、从形式上来看又极其繁杂的语法形式，以减轻学习者的负担。所谓语态方面的语法项目，比较典型的就是被动句和使役句。如果从广义上来解释语态的话，那么授受关系的表达方式，以及使役和被动组合在一起的使役被动，使役和授受组合在一起的"～（と）せてくれる（请让我）"等也算在内。但是，对于这部分内容，现行教材都没有明确指出哪些是只要能读、能听就行，而哪些还必须要达到能说、能写的程度。这样无形之中就达成一种默契，学习者应当达到全部"全能使用"的水平。可实际上，学生的实际掌握效果普遍较差，以至于出现"过犹不及"的现象。再如被动表达方式的讲授，一般情况下，教师几乎都是同时教授直接被动和间接被动，但是实际上两者存在着较大差距。由自动词构成的间接被动句，从其实际的需求情况来看在初级阶段还是不教为好。

第三，由于学习者通常都有这样一种倾向，即比起母语相同的东西来更喜欢母语里没有的、新鲜的东西，比起平淡无奇的东西来更喜欢有冲击力、感召力的东西。所以，教师在教授语法的过程中要充分利用这一点，调动学生的积极性，完成一些难度较大但又必须掌握的语法知识的教学。

丢掉固有观念和传统语法教学策略，充分重视学习者的学习过程，以学生的接受能力为出发点，选择学习者最需要的语法项目进行教授，既可以减轻学习者的负担，使其有更多的时间和精力学习其他方面的内容，又能更轻松地学习语法知识、掌握语法知识，从而达到更有效率、更有效果的教学。要对从日语学框架借用的配套式的日语教学语法项目进行分解，在考虑学习难易度的基础上，舍弃不需要的东西，进而彻底清理初级语法。在高校日语教学中，明确学习者的目的，掌控其学习过程，其基本原则是只教授学习者真正需要的东西，即"不做无用功"。

（四）语法说明要尽量符合学习者的母语语感

语感可以说是一种"顿悟"，是一种不假思索的语言判断能力，同一个语句，相同语言能力之人，若是语感不同，理解则有不同。凭着语感，人们可以直截了当地理解别人说话的意思，辨别不同词义所产生的不同思维模式，抑或从语句或语段的开头以及语段的整体音调推敲出整段话语的真正意图，以达到准确而得体地表达出思想感情。同一个语言层次，却是处于不同的语境之中，那么很明显会看出，两人的理解能力和语言表达呈现不同的水平，差异的来源即语感不同。

日语是属于单词变化较为丰富的语种之一，其语法、语序要求也与汉语有明显差别。整体上分析，汉语属于主、谓、宾语序排列形式的语言，也就是主语在前，谓语通常排列在后，宾语排列于谓语之后，定语和补语则位于中心语的前面。但是有时也可以利用介词"将、被、把"等词将宾语前置。日语的语序都是由主语、宾语、谓语构成，这与汉语语序有所不同，而且日语语言具有即使其语序有所变化，语句所表达的语法意义也不会产生变动的显著特征，这也是日语与汉语语序重要的不同之处。所以，对于我国日语学习者来说，母语语感的影响已根深蒂固，由于汉语和外语语法规则的不同，母语潜移默化的语感会对外语语法的学习造成干扰。在学习过程中经常会发生学习者习惯性地按照汉语的语言特征来翻译日语，由此造成修辞错位和负迁移等不良现象的产生，这也是由于长期处在汉语作为母语的生活环境中，学习者对于语言的理解产生思维定式，造成错误地套用汉语的应用习惯来理解和翻译日语而产生一些常见错误。所以，在高校日语教学过程中，教师对日语语法的讲解和说明要尽量贴近学习者的母语语感。换句话说，就是既要尽量分析比较汉日语法中相同的部分，又要以汉语学习者的逻辑思维来分解日语语法，这样才能让学习者更好地理解日语语法，掌握其语法规则。

例如「～ている」的用法可大致分为"动作正在进行""保持动作状态""动作结果的残存"这三种。①テレビを見ています（正在看电视）。②椅子た座っています（在椅子上坐着）。③窓が割れています（窗户破了）。

对汉语使用者来说，像「テレビを見ている（正在看电视）」这种表示动作正在进行的「～ている（正在……）」和「座っている（在椅子上坐着）」这种表示保持动作状态的「～ている（……着）」，从意义上比较容易理解。这是因为汉语当中也有表示「～ているところだ」的"在……"和表示「～ている」的"……着"。

在日语学中，表示保持动作状态的「～ている（……着）」和动作结果残存的「～ている（……了）」都是作为"结果状态"来进行说明的，而从汉语语感的角度来看，动作正在进行的「～ている（正在……）」和保持动作状态的「～ている（……着）」都表示的是"动作的持续"，所以把两者都作为表示持续的「～ている」同时导入比较好。

（五）导入顺序要符合学习者的母语语感

由于日语和汉语在语法上存在着诸多差异，所以何时导入也是教师应该认真思考的问题，通过研究日语和汉语语法的特点与区别，使语法的导入顺序尽量符合学习者的母语语感，有利于日语学习者对日语这一陌生语种的熟练掌握与正确运用。

例：①母が私た1 000 円ぉ小遣いをくれて、私はとてもぅれしかった

（妈妈给了我 1 000 日元的零花钱，我很高兴。）

②私は、母から1 000 円ぉ小遣いをもらって、とてもぅれしかった

（我从妈妈那里得到 1 000 日元的零花钱，我很高兴。）

③母ぇた私1 000 円の小遣い私とてもぅれしい

（妈妈给了我 1 000 日元的零花钱，我特别高兴。）

在汉语当中，施与者作主语时一般用"给"（与ぇゐ）来表示东西的授受。接受者作主语时使用的动词有"得到"（手た人れゐ）、"收到"（受け取ゐ），但这两个动词比「もらぅ（得到）」的主动性强，使用频率也比"给"和日语的「もらぅ（得到）」要低。日语当中为了让主句和从句的主语一致而使用了接受者是主语的「もらぅ（得到）」，而汉语中使用的则是以施与者为主语的"给"。

如果先行导入「めげゐ（送给）」和「もらぅ（得到）」，到导入「くれゐ（给我）」为止，都不得不使用「私け山田とんた花をもらった（我从山田那里得到了花）」这种以接受者为主语的句子。但这种说法对汉语使用者来说是不自然的。对汉语使用者来说，首先学习以施与者为主语的「めげゐ（送给）」「くれゐ（给我）」，在实际造句时才会感到协调。

现行的日语教材针对汉日语语法、语序有一定的对比分析，但是其注释却有着很大的差别。所以，日语教学者在教学活动中要充分重视汉日语法典型问题的分析与应用，同时，可以运用日语学习者容易产生错误的例句，进行教学分析，找出错误，加以纠正。此外，教师还要随时关注学习者的接受程度和课堂反应情况，根据学习者需要，寻找其最容易理解和接受的讲解策略。

第三节 日语语法教学

一、关于听的日语教学语法

很多人认为提高听力关键在于掌握的词汇量和听力练习的次数。但是除了在上听力课时，给学习者提供单词表，让他们通过反复"听"来把握内容之

外，还有很多其他因素制约或影响着听力的提高。如教材里使用的句子是否自然，听力训练本身是否具有现实意义以及"听"的技巧等等。

听其他人对话来回答有关内容并不是真正的听力训练。一本着眼于交际活动的听力教材，应该先从选择听的场景入手。在听力训练中，重要的是要充分活用场景，把自己的提问控制在由此引出的对方的回答在自己可以理解的范围内。在听、说、读、写四项技能中，"听"是对于音声的一种理解行为，而考虑"听"所特有的语法，其实是一个非常艰难的课题。首先，"说""写"等是使用能力，"听""读"等是理解能力。关于使用能力，我们可以主张"这个语法项目，初级阶段没有必要一定要会说，只要能理解就可以"。可是，与此相反的"能说就行，听不懂也没关系"的语法项目是不存在的。在理解能力里，除了使用能力之外还需要很多其他方面的语言知识。其次，同样是理解能力，从使用音声还是使用文字这一点来说，"听"是在没有充分的时间保证的状态下接收和整理音声信息，不能像"读"那样可以查字典，也可以一而再、再而三地去深思熟虑。这也就是说，"听"要求听话人具备一种瞬间捕捉信息的功力。因此，对于那些听力不好的学习者来说，需要在听到不明信息或被省略的信息时要马上加以推测，或者特别是在要求反应迅速的活动中，事先预测对方要说的内容。

"听"的活动不是单纯的被动性的接受活动，而是听话人要运用各种各样的语言知识和非语言知识来进行推测和预测的活动，是主动而积极的语言再构建活动。所以，必须抛弃"语法项目第一"的思维模式，认真思考一种包含了"听"的活动特征的"关于听的语法"。有些人说"理解活动不需要百分之百正确""明白就可以了"，其实要真正理解说话者的意思，"关于听的语法"是不可或缺的。此外，"听"的语法不应局限于迄今为止的狭义的句型和话语，而是一种包括了音声、词汇以及策略在内的、内涵非常广泛的东西。因此，教师应该在搞清楚"听什么""怎么听"的基础上，重新审视关于"听"的日语教学语法的问题。

一是，在进行听力训练时，应该使听话人明确自己的位置、场景以及听的目的，从而主动地思考如何去应对说话者的发话。即以某一个学习者为对象，将其可能成为听话者的场面、情景、话题具体化，让学习者去考虑如果自己是谈话对象时，会如何应对对方的发话。并且把完成这种课题时所需要的表达方式作为学习的语法项目。

二是，教师和学习者都要明确的一点就是听的目的是听懂说话人的意图。一般来说，有场景的帮助，有词汇和话题限制范围的对话听起相对比较容易。而如果词汇和话题自由度高，进展难以预测时听起来就比较困难。这也就是说，对于问路、订餐、订房或者烹饪顺序、约会等场面，要做的事情明确，听话人就能够比较轻松地理解谈话进展的思路，其注意力就更容易集中到应该认真听的部分。但在现实交际过程中，会话的对方不可能去选用学习者的实际能力范围内的表达来说话，所以是否能够听懂也不仅仅取决于是否有场景的帮助。为此，学习者必须最大限度地运用有限的能力，去理解会话内容。这也就是说，真正的会话教学不是让学生死记硬背固定的会话，而在于让他们练就一种不论对方说什么都能抓住要点并作出恰当反应的真功夫。

三是，作为"听"的练习方法，不建议一字不差地听懂整个长句子的做法，因为即便是母语说话者也不能如此精确。所以，在听的过程中，理解内容最重要，有时候在已听到的信息点的基础上，通过推测未听清的部分，也可以理解出说话人的意思表达。在锻炼推测能力的练习方面，可以考虑采用一种不限时间，也不提供录音而让学习者完成后续句子的方法。但是，如果要确认"听"所特有的瞬间性理解的程度，与其让学习者写，不如让他们当场回答。当然也可以考虑使用"跟随复述"的方式。所谓"跟随复述"，就是在和原声几乎齐头并进的情况下对所听到的内容进行鹦鹉学舌式的复述的练习法。"鹦鹉学舌"如果仅仅是纯粹的机械操作的话，那么对于任何一种不熟悉的语言都可以做到，但实际上，不具备关于目标语言的知识是不行的。"跟随复述"在提高"说"的能力方面一般也认为有效，而在提高关于"听"的能力方面，则可以在对速度的适应、集中精力、记忆力、促进词句的长期记忆、增加知识等方面更具有效果。习惯之后，可以发挥预测能力，做到几乎和原声同时，甚至比原声更早结束应有的发音。当然进行这种鹦鹉学舌式的练习，也有必要在照顾难易度的基础上考虑句型在教材里的配置。包括长句、意外性强的句子、包含式复句、生僻词汇的句段都不易复述，所以只要大概意思正确即可。此外，也可以训练学习者通过给出的语言信息推测后续语言信息的能力，语法规则的统一性和规律性决定了句子结构的有规可循，尤其是在一些固定搭配中，这种以部分信息推测全部信息的办法是可行的。

四是，理解能力的培养也很主要。通过认知单词、活用背景知识来推测语义的活动是以学习者所掌握的知识为基础，经过从部分到整体的一系列处理和验证来实现的。在这个问题上，音声识别能力和对重要的地方进行整理并记忆的能力是支撑学习者"知识"的更外围的一些因素。在音声识别上，用推测来补充耳朵听力不足的部分，这是人们用母语说话时司空见惯的现象。而对于学习者来说，如果他们对自己出错的倾向有所认识，他们就会比较容易地想到哪些是应该予以推测的音声。所以，关于音声的识别，在应有的知识之外，学习者还应该不断地提高对自己的发音的自我观察能力和对交际内容的理解能力。我们已知跟随复述法具有强化记忆力和增加知识的功能，但并不是说只是反复鹦鹉学舌式的练习就会生效，而是由于在熟练掌握跟随模仿的一系列程序的基础上反复练习，以至于达到能把素材背诵下来的程度，因为胸有成竹才能够更迅速地理解谈话内容。素材的背诵式记忆乍一看好像与"听"和"读"的"基本明白即可"的原则有抵触，但实际上可以将其理解为理论基础和思维拓展之间的关系，就好比说我们在学习几何时要牢固地记住三角形的性质，但并不要求要把所有三角形相关的题型都做一遍。也就是说，对于日语语法的学习，要掌握语法规则及其所适用的一些交际场景，以及交际内容的背景知识，这样在出现相关语法、句子时就可以迅速地从知识储备中搜寻出相关的信息，以帮助自己更好地理解。例如，在听一段聚会的谈话时，如果不了解日本人的餐桌礼仪和饮食习惯，而只是凭借单词和语法储备去听这段对话，则很难完全理解对话的主要内容。

综上所述，对于"听"的教学语法，应该首先从完成话语的难易度的角度出发，并且注意不是从"使用"的难易度，而是从"理解"的难易度来理顺词汇和句型，并进行练习。这也就是说，即使包含有较难的因素，但如果它是在完成谈话中听漏也无妨的部分，就可以看成是"易"。在使听话人明确自身目的、场景的基础上，还要训练其推测、理解的能力，只有将听力训练的现实性放在首要位置，才能切实提高学习者听的能力。

二、关于说的日语教学语法

比起其他技能的教学，如阅读教学和听力教学，口语教学更难操纵，这是因为交际能力的培养除了掌握语法和社会文化知识外，还必须在短时间内将信息进行整合并表达出来。在交际型日语教学中，听、说、读、写四项技能中，"说"方面的教学最为重要。教师在教学过程中往往比较注重分角色练习、演讲、课堂讨论等方法的运用，这固然是对口语技能的重视，但实际上，这种"说"的教学对交际活动并没有起到太大的作用或者说这种口语教学模式下的教学效果并没有达到人们的满意度。这是因为，目前初级教材的语法大纲未必适合口语教学，在初级阶段讲授的语法形式，有一些到了中级阶段还都没有被学习者在实际中应用。例如，在初级阶段，教师讲授的提示助词只要有「は（和）」「ゃ（也）」「ぐらい（大致）」「だは（只有）」这四个就足够了。助动词虽然有很多，但是除了极其基本的「です（是）」「ます（动词敬体表现）」「だ（过去式）」「（ませ）ん（不……）」「ない（不……）」之外，中级学习者使用的只有「たい（想……）」「ょうだ（好像）」「のだ（是）」「（ら）れる（受身）（被动）」「（是）」在高级以后频频出现。这是因为要灵活运用「のだ（是）」和「（ら）れる（受身）（被动）」的话，就需要具备谈话层次的信息，所以才会出现在能够进行系统对话的高级阶段。而「だ（是）」「～だし～（表并列）」「～だと～（如果……的话）」等形式出现，主要用于构成复合句。而并列助词有「と（和）」「や（和……等）」「とか（……啦……啦）」，其中「や（和……等）」似乎不必学习。此类情况还有很多，正是因为在不同阶段所需要的语法划分不够明确，以至于学生在口语表达时难以学以致用。如果留意观察学习者的对话，还会发现他们常用的还有很多是日语教师几乎没有意识到的一些表达方式，所以这一类表达方式在进行口语教学时也应该给予考虑。

口语活动的特征，一言以蔽之就是"随机应变"。口语活动是结合实际情况瞬间完成的活动。一般来说，别人说话或回答时听话人要立即做出反应，而不是在沉默几个小时之后才进行应答。由于它要求结合具体情况立即作出应答，所以对回答者的综合能力要求更高，很多人会出现时而流利时而不连贯的现象。也就是说，每一次口语对话都是一场要求你瞬间作出判断的比赛，如果你先前有过类似经验，那么赢的可能性就大，反之则很容易输掉比赛。在培养口语能力上有时会采用反复练习和模式练习，但这些练习对于培养根据情况瞬间做出判断的随机应变的能力基本不起作用。在培养口语能力上也会采用分角色练习、讨论等实践性的会话练习，但也大多没什么效果，这是因为在进行分角色练习或讨论时，教师已经事先把要用的语法和表达方式等一一讲解过了，并不是基于对话人自己的知识储备而根据实际情况作出的即时判断。

目前日语教学的最大缺憾就是没有让学习者亲身体验"根据情况瞬间作出判断，立即作出反应"的场面，也就是没有培养学习者随机应变的能力。要培养学习者随机应变的口语能力，就需要积累较多的经验，这也是最重要的。传统日语教学上采用的是语法先行式的教学方法，即先行导入语法、表达方式等课文中的学习项目，在充分进行练习之后，为确认其掌握的程度而进行分角色练习等活动，但这种教学方法却无法提高学习者随机应变的能力。要培养这种能力，就需要积累随机应变的经验，也就是在讲授语法和表达方式之前先给出一个课题，让学习者实际进行语言活动，即采用课题先行式的教学方法。通过课题的实践让学习者体验"根据情况瞬间作出判断，立即作出反应"的场面，之后再导入进行这项课题所需的语法和表达方式。这在培养随机应变的能力上是不可或缺的。

三、关于读的日语教学语法

与其他技能相比，"读"应该是难度最小的了，因为它不像"听""说"那样要求"根据情况瞬间做出判断，立即作出反应"的"随机应变"的能力，也不需要准确记住每一个词汇的写法以及每一个语法的正确表达。在阅读过程中，可以一边阅读一边推测看不懂的部分，也可以在大脑中展开单词及句子给出的信息中可供选择的语义，然后根据上下文内容寻找证据排除不恰当的选择，从而确定正确的语义的能力。阅读的交际功能，不是基于要讨论阅读过的内容，即不是作为如"集体即兴讨论"那样的会话教学的预备阶段而进行的，而应该是"理解内容"，应该是读者与发出信息的作者之间的一种信息交流。这里说的"与作者之间的一种信息交流"，不是像鉴赏文学作品那种，深入于字里行间的高层次的"与作者对话"，而是读者应当准确地提取作者想要传达的信息的一种交流。从另一个角度讲，如果让学习者去阅读一些并不包含作者想要传达讯息的"漫无目标的内容"，那么这种阅读对学习者来说是毫无帮助的。迄今为止的"阅读"教材并未注重信息的提取，而是在句型教学理念的指导下编写的，是"漫无目标的语法"形式堆积而成的，很多人错误地认为让学习者学习文章中的语法和词汇就是阅读教学。

在课堂上经常学习的生词表、泛读、朗读、精读等，都与交际型阅读活动没有直接关系，甚至可以说是阻碍真正的阅读活动的绊脚石。在课堂教学中，往往是先消灭生词然后进入阅读环节，或者为了能集中精力阅读而提供注释详尽的单词表。但是，这种边看生词表边阅读的教学方法，会使学生丧失个人独立阅读的能力，其本身就有问题。当然，在阅读过程中经常会有"如果不明白这个单词的意思，就无法理解全篇文章"而查阅字典的情况。但是在课堂之外，先看完生词表再阅读的"良好环境"是不存在的。在日常生活中，跳过看不懂的部分，凭感觉边推测边理解，特别是对于那些语言知识较弱的读者来说，应当是一种极其重要的学习技能。而对于朗读的作用，很多教师希望通过对听觉的刺激加深对内容的理解，而事实上，朗读只不过是一种作为可暂时纠正学习者的读音错误的汉字读音教学的一环，只是从教师的意愿出发进行的教学活动而已。这种关于内容记忆的测试，森敏昭已经给出了默读比朗读更有效果的结论。而精读是一种把语法指导和阅读练习混合在一起的做法。它要求学习者逐个确认生词、语法，这与日常的阅读毫无关联。学习者经常反映，每个单词的意思都能看懂，可却无法懂句子的意思，或者句子的意思能理解却不明白整篇文章要表达什么。一味地单纯靠扩充词汇量和增加句型，其实无法提高阅读能力。正确的做法是，应该让学习者掌握"虽然不明白全部单词的意思，但能够大致理解全文"的能力。这就要求在阅读训练过程中，学习者要学会根据前后文以及语法信息思考，启动常识来帮助掌握文章的整体脉络，而不是拘泥于局部性的东西。

具体而言，首先应让学习者注意反思其错误理解形成的原因。但当学习者依靠自己的力量无法达成这一目的时，教师应该根据其所达到的程度给予相应的启发。因此，在关于"阅读"的语法中，应纳入可以把握作者在肯定什么、在想什么的语法项目。

例如：①めの店けぉいしいけど高いょ

（那家店虽然很好吃，却很贵哦。）

②めの店け高いけどぉいしいょ

（那家店虽然很贵，却很好吃哦。）

①和②是对提出用餐场所的建议的短信回复。我们可以推测出：①是回绝，②是接受。因为作者的主张通常置于表示转折的接续助词之后，并与下文连接。

在"阅读"方面，更重要的不是那些关于单句层面标志的知识，而是从更大的单位——谈话结构方面来把握作者意图，也就是说，学习者看了信件或邮件，要能正确把握作者的期待与意图。例如，说明文的中心句，即作者的主张、结论，往往放在文章末尾或开头。学习者凭借这种方式来推断最后或最初一句是该信件或邮件的要点，有着一定道理。但是在具有一定长度的邮件或书信中，为了维系良好的人际关系，一般很少人开门见山地提出主张或要求，也不会提出主张或要求后立即结束，而总是要加一些客套话，这时如果还用说明文的方式来推断，结果就可能南辕北辙了。

此外，能够预测文章展开的语法项目也非常重要。如果可以通过文章第一句话预测到后文的大概内容，那么就可以避免对于阅读内容大方向的偏误。例如，文章的开头是"最近出现老年人中使用手机的人"，那么其后续内容则可能是"这可能是由于公用电话减少的缘故"或"这可能是由于可以简单使用的机型增多的缘故"。很少有人会预测这句话的后面会出现批评的文字。再如，如果开头是"最近学习和服穿法的人日渐增多"，这种与"正在消失的传统艺术、古老习俗"相关的内容，就可以预测后续内容只能是"这是令人可喜的事情"。

综上所述，阅读教材，不应是语法和词汇的简单堆砌物。一边阅读一边推测看不懂的部分是日常生活中一项重要技能，因此在教学过程中要多做服务于阅读的推理练习，阅读时可以在大脑中展开单词及句子给出的信息中可供选择的语义，然后寻找证据排除不恰当的选择。在理解语句的同时，推测被省略的信息、捕捉不见诸文字的作者的真正的意图、预测谈话之变化发展的能力也是必要的。这种综合性框架结构就是关于"阅读"的语法。此外，观察学习者所使用的学习方法也很有必要。

四、关于写作的日语教学语法

目前关于写作的教材主要有两种：一种是着眼于巩固初级句型的副教材；另一种则是练习写摘要或论文、报告的面向高级及超高级学习者的教材。这两种教材，跟实际生活中的"写作"活动都没有直接联系。当然，论文既是语言活动的形态之一，又是学生学习成果的集中体现，对于学生来说，提高撰写论文的技能确实很重要。但是这里所说的"写"的技能主要是针对一般的学习者们在日常生活中不得不进行的"交际性写作活动",而非那些"高才生们"所需要的摘要或论述性文章的结构以授各种相关的问题。

关于日语写作的练习,主要就是写作文。一般是教师给学生一个作文题目,学生写好后再由教师进行修改。但是,即使是会话能力达到高级阶段的学习者,也未必能写好一个简单的留言便条。很多日语教师都碰到过这样的便条,要么是其中有些奇怪的语法错误,要么就是表达方式不够礼貌。这是因为,我国学生深受汉语思维的影响,写出的文章多是中文式日语,这是我国高校学生的通病。对于大多数学生来说,日语表达能力还极其有限,而汉语的思维能力却相当成熟且十分活跃。学生的目的是在已知日语表达手段的制约下流畅地表达思想,但是大多数学生在用日语写作时,往往先打好中文腹稿,然后用所学的有限日语词汇逐字逐句翻译,按照汉语的思路去进行日语写作。因此写出来的句子不符合日语语言表达习惯,甚至令人啼笑皆非。

日语属于黏着语,汉语属于孤立语,不同的语言类型意味着两种语言在单词组合和构建句子时的方式不同。学生的写作中,语法方面的常见错误主要有以下几类。

(一) 格

格一般指名词与其他词,尤其是与动词结合而构成的各种语义及语法关系的类型。在日语中,格主要是通过"名词+格助词"这一形态来实现的,而汉语一般靠词序或者介词来表达。受母语影响,学生写作时往往按照汉语的介词去照搬日语格助词,或者按照汉语习惯来表达。

例①:電車の上で居眠りをする人が多いようだ。

例②:小鳥け空で飛んでいゐ。

例①在汉语中,常常将"在电车里"表达为"在电车上",所以学生就原封不动地翻译为「電車の上で」。殊不知,日语的「電車の上で」是在电车车顶上的意思,而准确的表达应为「電車」。例②的正确的表达应为「空を」。汉语中"小鸟在天空飞翔"毫无疑问是规范表达,日语格助词「で」也是对应汉语"在"的意思。但是,「で」无法表达出事物移动、经过的场所。因此例②的表达也是受汉语思维影响而导致的错误。

(二) 主题与述题

主题主要指谓语陈述所指向的对象或范围,通常对整个句子具有语义上的支配作用。在日语里,主题可以是主语,亦可以是宾语、状语、补语等,它常常用提示助词「は」来提示。但是在中国语言学界,汉语中有没有主题,一直是长期争论的热门话题。

例③：今日、ゎたしの頭は痛いので、学校を休んだ。

例③的正确表达应为「ゎたしは頭が痛い」。整个句子的主题「ゎたし」。这应该也是受了汉语式表达"我的头很疼"的干扰。

（三）态

日语的态在广义上包括主动卷、被动态、使役卷、被役卷、可能态和自发态。另外，村木新敬郎将动词所表现的相互行为、授受关系以及自动词与他动词的对应也看作态的一部分。

例④：诞生日た、バィオリンを弹いてくれますか。

例⑤：いくら勧められょうとしても、彼はかなか聞き入れない。

其中例④是有关授受补助动词方面的误用。这句话用汉语可以表述为"生日的时候，你能为我拉小提琴吗?"，汉语中可能态的"能"和表达动作授受方向的"为我"可以同时使用。但由于同语的授受补助动词「てゃる」和「てくれる」这两组是没有可能态的，因此按照汉语表达习惯的话，就会出错。例⑤是关于被动的错误表达。句型「～ょうとする」在表达努力尝试做某事时，一般承接意志动词。「勧める」属于意志动词，但其被动态「勧められる」就失去了其意志性，因此该例应使用主动态。

（四）时和体

日语的"时"一般分为绝对时和相对时。绝对时以说话时刻为基准，相对时则以过去或未来时间里设定的某一时刻为基准。"体"表示某个动作或变化在说话人所设的时间轴上处于开扑始、持续和完成状态中的某一阶段，是从时间角度上对动作或变化的描写与把握。以下两个例子是有关时和体的错误。

例⑥：時た映画館の前た待ち合ゎせたょ約束した。

例⑦：めの人はもぅ結结婚したそぅだ。

由于汉语中并没有类似日语中的相对时和绝对时的概念，因此学生写作时往往对这两个概念不加区分。正如例⑥出现的错误一样，「約束した」是以说话时点为基准的绝对时，表达过去的某一时间点的约定，而「待ち合ゎせる」则以「約束した」这个时间点为基准，表示的是这个时间点的将来，是属于相对的范畴，正确的表达应该是「待ち合ゎせる」。例⑦是属于"体"的误用。这一句用汉语表达为"听说他结婚了"，但日语的「結婚した」表达的意思并非是"结婚了"，而是"曾经结过婚，现在处于非婚状态"。正确的日语表达应为「结婚している」、用「ている」来表达处于结婚的状态。

（五）语气

由于中日两国语言在表达语气上的不完全对应性，常导致学生写作中出现以下错误。

例⑧：このことは彼た教ぇゐはずだ。

日语的「はず」在汉语中常翻译成"应当、应该"。在汉语中，"应当、应该"主要表示说话人认定的"责任、义务"等。但是，日语的「はず」是一种推量表达，不能表示"责任、义务"等概念，而应该用「べき」来表达"责任、义务"。

除语言思维的影响外，日语写作也要重视实际的"场合"，即在考虑真正应用于交流活动的写作时，要根据写作内容场合的不同来确定什么是必需的语法形式，以及应该如何教授这些语法形式。真正的语言交际活动需要一种面对不同的接受对象和媒介形式来进行不同形式的写作的社会语言学能力。如果忽视了"场合"，学习者就极易写出不恰当的句子来，例如敬语表达方式的使用。一般来讲，越是正式的场合越应该使用敬语，另外，即使是非正式场合，如果对方身份或地位较高，也应该使用敬语。此外，对于交际型写作，还应该考虑邮件、宣传画、广告等媒介形式本身所具有的功能以及表达功能等方面的问题。例如写邮件请求别人帮忙时，不仅仅应该考虑请求帮助的内容本身的表达方式以及谈话的切入方式，还应该考虑使用贴切的"邮件名"，从而使对方能够比较容易地预测到邮件的内容。

例⑨：ぜひぉ読みくださぃ

（请务必读）

例⑩：会議日程についのご相談

（关于会议日程的商量）

例⑨中的邮件名经常会被误认为是垃圾邮件，而被删除或者忽略。而例⑩中的邮件名则很容易被接收者预测出正文是关于路线和即将交谈内容的信息，因此不会被认为是垃圾邮件。

第五章 日语语言教学策略

本章是以语言学对于言语技能结构的划分为依据，从听、说、读、写、译五个侧面介绍日语语言能力培养的教学策略。教学上采用体积策略要结合教学内容决定，更要符合学生实际、语言教学阶段和目标。本章介绍了听力教学策略、会话教学策略、阅读教学策略、写作教学策略以及翻译教学策略。

第一节 听力教学策略

一、日语听解教学概述

"听"是外语学习的四项基本技能之一，是外语教学的目的，也是学习者获得日语知识和技能的源泉与手段。从传递信息的角度看，"听"是吸收的过程，属于言语理解的技能。"听"还是一个被动的过程，尽管"听"的过程也包含主观分析等主动因素，但是却无法摆脱其被动地位，因为别人讲什么由别人决定，不能以听话人的意志为转移。从语言的表现形式来看，"听"的过程是隐蔽的，是否听懂往往不是立即能发现。因此，听解也是一种复杂、紧张、富有创造性的智力活动，它要求听者在听的过程中积极地进行感知、记忆、分析、归纳、综合等思维活动。因此，听力训练又是一种智力活动。

听与阅读一样，都属于领会式语言活动，有感知和理解的过程，其效率也包括理解程度和理解速度两个要素。外语学习中的听觉技巧主要是指推测能力和预测能力。这些能力的提高通常以阅读理解能力为基础。由于听和读所凭借的感觉器官不同，所以听觉理解能力虽然以阅读理解能力为基础，但是仍需要进行专门的训练，因此这是听力能力培养目标之一。

根据"听"的心理特点，把听的能力概括为：迅速捕捉和存储信息的能力、辨别各种语音的能力、适应日语语速的能力、长时间的听解能力、综合和概括的能力、判断力等。

二、日语听力教学要点

(一)"听音会意"能力培养

要学会听,首先要学会听音、辨音。日语语音知识教学策略中介绍了日语语音的构成特点。例如,由于汉语中没有长音和短音的区别,对于日语长短音的听解就成为日语听解的一个困难所在。正是由于音位、音调、音长和音拍等的不同而产生的日语语音特征的存在,准确感知语音是正确理解所听到的话语内容的一个关键。

而通常听力学习所说的听力不是指听音、辨音能力,而是指听音会意能力或听觉能力。培养听音辨音能力主要是语音教学的任务。对听力教学来说,它只是伴随性的任务。"听音会意"就是将语音与词及语法形式迅速建立起联系,从而感知、辨别和理解词句的意义。这是听力能力培养的首要目的,也是听解教学的难点之一。

(二)快速准确存储信息能力培养

在运用母语会话时,即使听到很长的内容也能够复述出大概的内容,这是在"听"时短时记忆在发挥作用。而用日语交际时,由于对听到的词汇或语法现象以及语言交际情境的陌生,以及由于对使用日语进行交际活动本身的不习惯而导致记忆能力低下,不能迅速准确地记住所听到的内容,出现听了后句忘了前句的情况,不能够把所听到的内容之间建立起联系,使每一个句子都成为孤立的语言符号。这就会影响听解效果。这也是提高听解能力必须逾越的障碍。

(三)长时间听解能力的培养

无论是听母语还是听外语,当专注于听解一个话题时,有时会因为过度紧张而产生听解疲劳,短时间内大脑运行停滞,产生听解空白。听外语时,这种空白发生的频率会更强,这是源于外语思维方式的变化,语言信息的传递和生成在头脑中还没有建立畅通的通路。日语教学需要帮助学生尽快建立起这个信息输入和产出的网络。通过训练,让学生逐渐适应用日语听解的思维方式,逐步延缓或减少由于紧张、陌生而产生的疲劳,把听日语和听母语的感觉趋向等同。因此,提高学生长时间听解能力也是听力教学的任务之一。

(四)调整思维方式的培养

因为日语与汉语的语序不同,在听解时需要将思维调整到日语表达方式中。这种思维的调整是听话人的隐性行为，由于思维习惯的调整是逐步形成的，开始时是汉语方式与日语方式的交替，必须经过一段时间的训练，才能逐步过渡到完全的外语方式。所以如何尽快过渡到以日语思维方式来听解，减少母语对听解内容的干扰，是日语听解教学的一个关键。

（五）准确取舍所听内容主旨的培养

听解的目标之一是在听的过程中不断对所听内容进行归纳、判断和推理。这一思维活动的前提就是要准确把握话题中心。在用外语思考时会带来智力下降的情况，这种智力下降表现在听解方面就是对于简单的逻辑性内容的推理、判断力降低，无法预测话题的发展趋势，不能迅速调整思路，跟不上说话人的思维变换，不能抓住话题宗旨，更不能及时对所听到的内容进行分析、思考，提出自己的看法，使自己真正参与到话题中去。只有做到思维正常运行，才能称之为听解，否则，只是倾听而已，因此，把握话题宗旨也是听解教学的要点。

（六）适应各种语速听力培养

跟不上所听话语的语速往往是听音会意的主要困难。由于每个人的发音习惯和语速不同，适应不同说话人的语音和语速，也是日语听解能力培养的要点。

三、日语听解能力培养策略

（一）一次性听解策略

听的瞬间性特点决定听的活动中，很难做到一边接受新信息一边回顾、理解刚刚接受的信息。因此要求听者需要具备迅速捕捉和存储信息的能力。适应"听"这种瞬间性、一次性言语活动的特点，可以通过下列的听力训练达到提高听解能力的教学目标。

1. 中间不停顿听解训练

用学过的语言材料进行听力训练时，要坚持让学生进行快速综合地理解所听内容，即使在听的过程中遇到听不懂的地方，也不要停顿或反复听。因为停顿或反复听违背听的真实性，一旦养成反复听的习惯，就会容易把对听的注意力集中到词或语言规则上，很难关注内容逻辑，也会妨碍听的过程中全面理解语言材料能力的形成。

2. 选编好的听力训练材料

所选"听"的语言材料中，新的语言现象尽量少一些，即使有也要能通过联想、借助上下文猜测出其含义。这类语言材料可以是熟悉的也可以是陌生的。不匹配听者听力水平的语言材料,对"听"的训练来说可以达到"练耳"的目的,但是对于听解能力的培养来说意义不大。此外,过难的语言材料会妨碍听者快速综合地理解听的内容,不利于听解能力的培养。

(二) 听音会意策略

听音会意是指准确辨音,正确理解话语含义。由于讲话者的出身地以及身份、地位不同,男女老幼音色的不同,不同的人由于音质不同而导致的发音不同等原因,直接影响到听话人对语音的分辨,影响听解的效果,所以需要具备分辨各种语音的能力,即能够分辨不同地区、不同性别、不同年龄层次的人的日语发音的能力。辨音能力主要在语音教学阶段培养。为提高辨音能力,需要通过各种语音的辨别训练,以克服由于发音的差别给听音带来的困难。听音的主要目的还是要会意,不仅是理解说话人直接表达的话语内容,对省略的、隐含的话语内容也要准确把握,这就需要有扎实的日语知识功底和日本文化基础。语言知识和语言文化是听音会意的基础,但是对于已经掌握的语言知识和语言文化知识,也不是马上就能听得懂、理解得准确,还是需要通过应用性训练才能达到纯熟。听音会意能力可以通过扩大听音范围、精听与泛听相结合等方式进行训练。

1. 扩大听音范围

现代日语教学可以应用的设备不仅仅只有录音机、VCD、MP3、多媒体教学设施,甚至微信、电子词典也在开发学习软件和平台,以便学生随时听到各种素材、体裁、音质音色的标准日语。教师在教学过程中可以随时选择合适的听音材料,给学生创造一个语言想象和视觉、听觉相结合的语言环境,以提高学生的听的能力。选择用于听解训练的电教材料时要注意以下几点。

(1) 练习材料的科学性和技术性。日语教学用软件在科学性和技术质量方面应该达到语言地道或规范、语音语调标准和清晰,各种图像清晰、稳定。

(2) 学习适合性。教件必须适合日语教学。首先要有循序渐进的难易程度,语速恰当。其次适合日语教学目的,要考虑教件的不同使用场合,如果用于泛读则语速要慢一些,并且在适当的语言单位后停顿,以便跟读训练;如果用于课外复习,语速可以相对快一些,不一定要有停顿。对程序性教件的内容的程序编排上要考察它是否考虑到使用者的学习活动,以课文诵读和课文提问录音带为例,要看它是否每个提问后有停顿或给出答案,是否有过渡性操练等。

(3) 艺术性。各种教件,特别是提供给学生自学和课外活动的教件,最好具有艺术性。例如录音的停顿处不是无声而是音乐声;幻灯、投影、多媒体课件的画面设计要有审美性，教学录像片的教学内容尽可能有情节、画面有审美性。

2. 精听与泛听

听是指学习者凭听觉再现听力材料所传递的信息。听写是指学习者在听后以书面形式完成检查听觉理解情况的作业或练习。听力学习也可以分为精听和泛听。两种听力学习在学习模式上基本相同，区别在于听力材料的难易度和听后应完成的作业要求。精听要求听懂全文内容，泛听只要求捕捉主要信息。

语音阶段的听写训练在语音部分已经说明。在课文学习阶段的听写训练的内容可以包括听写各课的单词、句子；听答，听教师就学过的单词、句型和语法，口头提出问题，迅速写出答案；听写课文中的一段话；听写与课文难易程度相同的录音文章；听写填空，即事先做好听写材料的填空题目，练习时先放两遍录音，之后边放录音边停顿，在空格内填写录音中的关键词、句子。

精听中常见的作业或练习形式是：日语发音相似的假名或词汇的辨音练习，正误判断练习，多项选择练习等。精听的一般步骤是：初听—复听—完成作业—阅读书面材料—校正—分析错误。

（1）初听。教师在布置初听训练任务时要明确指示"听"的目标，如听懂全文每个词句还是全文大意，也要说明读、播的语言单位和次数。语言单位可以是句、段或全文；次数可以是一遍、二遍、三遍。初听训练要随着听力训练的不断强化，有计划地减少次数，有计划地提高读、播的语速。初听时还要让学生初步了解所听语言材料的内容，以提高"听"的兴趣和动力。

（2）复听。弥补初听的遗漏、疏忽或订正错听。语言单位通常为全文。通常只诵读或播放一遍。

（3）完成作业。有的听力材料还附带对所听内容的书面问答练习，可以在初听前或复听后逐步完成作业。

（4）阅读书面材料。课文听解除非是要关注语调、重音，需要在原文做标记，其他的听力训练尽量不要边看课文边听；如果所听语言材料是陌生的，则在听力训练过后一定要通过阅读书面材料来自我检查听解结果，订正听解中的错误。

（5）校正和分析错误。修改完听解错误，对回答的错误原因进行分析，找出造成误听的根源，是词汇不熟悉还是语法理解错误，或者语音辨音错误等，针对听解能力不足，指导学生有目的地加以训练。

3. 高语速的日语听解策略

语速快往往引起音质的变化，因而使听者不易识别各种语音及其变体，特别是相似而实际上有差异的语音，这就给听者带来理解上的困难。此外，语速快不利于听者进行联想，使其不能把上下文内容联系起来，出现听解遗漏，也容易产生听解疲劳；过慢的语速语言不连接，中间有间隙，听者注意力容易分散，不能积极紧张地思维，也不利于听者的准确理解。

心理语言学的实验材料表明，人在每分钟能听到的字节，快语速为 400 个音节，中速为 250 个音节，慢速为 120 个音节。日语属于语速较快的语言，需要学习者具备适应中等以上语速的听解能力，通常为适应每分钟 270～280 个音节的语速的能力。在教学中可以采用如下策略指导学生。

（1）集中注意力。高语速的表达往往是转瞬即逝，稍不留神就错过了，所以要全神贯注地听。为了保证注意力集中，在听音过程中要手写、口述、脑想等多种感官并用，做到积极主动地听。

（2）经常练习。要常听正常语速的对话录音或广播、电视中节目主持人的播音、影视剧中的台词等。除了指导学生课堂听录音外，课后也要根据学生的听力水平，布置适当的听解练习或练习朗读、听、说以及默读等。

（3）预习或准备。是指在听音之前了解话题以及与话题相关的词汇。有条件的听记训练，如听解熟悉的内容等可以提前预习与所听内容有关的词汇、语法等，以提高听的兴趣和效果，在体验听解满足中逐渐提高听解能力。对于陌生内容可以通过初听、复听等手段逐步达到熟悉话题的目的。

（4）对听不懂的词语或句子的处理。在听解过程中，如果遇到有词句听不懂，不能因为想着这些词句而中断听解活动。根据交际情况，或者把这些词句记录下来后继续往下听，或者忽略这些词汇或句子，通过上下文、说话人的态度、动作表情等来推测这些词汇或句子的意义。对于记录下来的内容可以听完以后再设法弄懂。在不影响理解话语主要内容的情况下，对某些不懂的词或句子可以忽略。但是对于重要的内容，例如话题所涉及的时间、地点、主题等，如果一次没有听懂，条件允许时可以通过提问、复听等手段加以明确，以免影响对话语主要内容的理解和记忆。

4. 听记熟悉内容的训练策略

理解语意固然是听解的关键，但是，听熟悉的内容也是有意义的。这是练习日语思维、听解记忆以及理解高语速、长句子的日语表达的好方法，所以，在听解熟悉内容时可以在以下方面多做指导性训练。

（1）一次性听解。集中注意力，对一个语言材料不要反复中断复听，要多做一次性听完所有内容的听解练习。

（2）联想与直接理解。静听正常语速的语言材料，体会"身临其境"的听觉表象在脑海里浮现的感觉。力求不经翻译、分析直接理解材料内容。

（3）仿说。仿说是练习听解记忆的好方法。开始训练仿说时可能只是词汇或短句的模仿，随着练习层次的提高，仿说也要逐步达到尽量完整表述语句的目标。仿说时的声音虽然可大可小，但当条件适合时尽量要出声模仿，尽量跟上说话人的语速。

（4）重视理解语意的训练。因为是熟悉的内容，所以更能体会说话者的语气、情感表达，因此，不要因为已经了解语意就忽视听语意的训练，而只听一个个片段的词汇或语句。要始终把对语意的理解放在听解训练的首位，从而养成边听边解的日语思维习惯。

5. 听、记陌生内容的训练策略

利用陌生的语言材料进行听解练习时，往往因为难以达到一次听解，所以学生不容易获得学习成就感，而需要鼓励学习者有克服困难、挑战自我的勇气和决心。听、记陌生语言材料通常会因为词语或句法的陌生而导致听的中断，所以，对连续听解能力的培养就至为重要。

（1）笔录或速记训练。对于听到的内容能快速地边听边记录，抓住所听内容的中心词、关键词，这有助于帮助我们记忆和理解所听内容。特别是对于话题所涉及的"五个 W"（When、Where、Who、Why、What）即时间、地点、人物、事件、经过等要重点进行记录，如果涉及数据，特殊名词等也要记录下来。记录不要求细致工整，只要自己能看懂，起到提示作用就可以。但是，记录要按照一定的顺序书写，以免弄错条件关系和因果关系。

每一个话题结束后，画一条线，将其与下一个话题分割开。条件允许可以用另一页记录下一个话题，以免混淆。笔录时可以用假名也可以用当用汉字，最好不要翻译成汉语，以省去思维变换的麻烦。

（2）预测下文训练。通过中途停放录音，根据说话人的语气、立场，推测说话人可能出现的结论、观点、态度以及可能的语言表达形式等，对于谈话的发展趋势进行预测。预测行为是听解过程中的潜意识行为，不可过于强调也不可忽视，将预测始终置于随机调整的水平为最佳，发现话题或谈话内容与自我预测有悖时要及时调整思路，跟上说话人的思维。

（3）连续思维。听解能力尤其要求听话人的反应敏捷、思维转换迅速、注意高度集中，此外也要保持思维的连续性。使大脑在听一个话语内容的过程中始终处于兴奋状态，可以联想、分析、推理，不要翻译，尽量按照语言的原本形式来理解话语内容。

6. 长时间听解能力训练

心理学实验表明，对于外语初学者来说，一次的听解容量若超过 10 分钟就容易产生疲劳或遗忘。因此，教学中需要通过有效的训练，让学习者逐步掌握长时间听解的能力。听解时间应遵循从短到长的原则，一般说来听力训练应当从 3~5 分钟的简短讲话或对白开始，逐渐增加到 30~50 分钟，直到能听懂正常长度的报告和讲演。

（1）听解材料的选择。选取听解语言材料的长度和难度要适合学生的日语水平。要由浅入深，逐步提高难度，不要急于求成。还要注意语言材料的趣味性、故事性，尽量做到一段听解一个主题。

（2）逐步延长训练时间。最初的训练时间虽然一次是 3～5 分钟，但是，在这以后通过复述、提问来练习所听内容，等于休息了 5～10 分钟，然后继续听 3～5 分钟。这样反复训练，逐步延长听解训练时间长度。

7. 提取谈话主题或中心策略

如果听者不善于对所听内容进行综合和概括，往往会不分主次，过分注意细节，如个别词或句型等，结果很难抓住谈话的主题或中心。因此，听的过程中的综合与概括能力也是听的能力要素之一。提取谈话主题或中心的听解训练主要通过泛听来完成。

（1）提问回答。通过选择式、判断式、讨论等形式的提问练习题目，检查对文章或语段的中心或主题的理解。例如，用「はい」「いいえ」回答对听解内容的提问等。

（2）转述或译述话语内容。这是检验听解率的好方法。转述或译述得越完整，说明听解的水平越高。在转述训练时也许会经历三个过程：不遵循原文—遵循原文—不遵循原文。最初的不遵循原文表达方式是因为听得不完整，无法完全按照原文的表达方式转述；在这一阶段只要能够抓住话题中心，不违背原文即可。遵循原文阶段是因为听解达到一个较高的水平，已经能够完整转述原文；最后的不遵循原文转述主要是听"话"人在转述时通过归纳分析，对原文内容进行了加工处理，用自己的语言逻辑重新组织了听解的内容，是听解转述的高级形式，也是会话训练的主要手段。

（3）给所听内容拟标题。标题是对话语内容的高度概括，为所听内容拟题，是检验自己听解准确度的最快捷的方法。

（4）就听过的内容进行评论。用外语思维时能力降低的问题是不可回避的。可能我们在一次听解或多次听解中还是不能准确把握话题中心或宗旨，那么可以借助就话题内容的讨论或评价来验证学生听解的准确性，同时这也是口语训练的好方法。

此外，由于日语的词汇中有大量同一汉字发音不同的词和同音异义词。例如"人"在不同场合可以读成「にん、ひと、じん」，还有些词汇有声调之别，如「はな」一词，①型表示"鼻子"，②型表示"花"的意思。这就需要听者具备联系上下文判断单词在句中的准确意义的能力。

听解水平的高低很大程度上还取决于听者头脑中是否有足够的语言信息量。这种语言的信息量除了包括词汇、语法、句型等语言方面的信息外，听解内容越难懂，越需要对语言的社会、政治、经济文化、地理、风土人情等文化常识有丰富的了解。因此听的能力培养不是孤立的，单纯依靠反复听只会耽误许多宝贵的教学时间，必须结合语言结构的学习、语言文化的学习以及其他言语技能的学习成果，采取适当的教学策略，才能收到事半功倍的效果。

第二节　会话教学策略

一、会话教学概述

会话也是外语学习的四项基本技能之一，通常又被称为"说"。会话是一种积极的言语活动，是不经分析和翻译，迅速地用外语表达思想的一种技能。它不是简单地重复已经学习过的语言材料，而是创造性地组织已经学过的语言材料表达自己的思想的一种方式。

会话能力是一种复用式言语能力，要求说话人不仅要以语言能力为基础，还要以领会式言语能力为基础。与听解能力中包含快速理解能力要素一样，会话也需要具备快速表达自己思想的能力。说话的效率包括构思和表达两大要素。学会用日语说话，特别是要提高日语会话能力，必须以阅读和听解能力为基础，要从阅读和听解中吸收"养料"。

从信息传递角度看，说是主动的过程，说的过程是外显的，说些什么，说得好坏，对方很清楚，不难评价。从语言表现形式看，说是表达、输出的过程。通常认为，在言语交际中听与说在口语中紧密联系，不可分割。听是说的基础，能听懂才能说出。说的技能对听的技能的提高也具有很大的帮助，能流利地说出的内容一定是能听懂的。听与说的技能都是一种运动——感知技能。从语言的交际功能考虑，口语还是一种交际技能。听与说的教学必须发展这些技能。

根据会话的心理特点，将会话能力概括为：自如地、创造性地运用已经学习过的语言材料表达思想的能力；注意力集中在会话的内容而不是语言的表达形式的能力；具备敏捷的思考和快速运用语言的能力；会话过程中的日语思维能力（或排除翻译的能力）；应对无主题对白的语言交际能力等。

二、日语会话教学要点

（一）自信地开口说日语

很多日语学习者都因为担心发音、语流语调不好、担心说错话被人笑话而羞于开口，导致会写不会说、会看不会说的情况时有发生。因此要提高学生开口说日语的自信，是会话教学首先要解决的问题。

（二）排除母语翻译

许多学习者用日语表达时都是先把要说的话在头脑中用母语考虑一遍，然后再译成日语，造成一方面语言表达不流畅，会话时语速很慢，另一方面还会使用一些不符合日语表达习惯的语句，出现"汉语式日语"的表达错误，导致交际困难。

（三）提高语速和表达流畅度

语速慢、表达不流畅的原因之一是会话时多用母语思维，用日语表达时依赖翻译，另一个原因是平时在朗读或听音训练中缺乏提高语速的练习，口腔等发音器官的肌肉运动不协调。此外，在练习用日语思维时开始也会出现语速慢、表达内容的逻辑性不强、表达不流畅的情况。在讨论特别是应对无主题谈话时，思维转换缓慢，不能自如切换谈话的话题，出现思维断档空白，与话题相关的词汇等不能迅速回忆起来，造成交际困难。

（四）既关注语言表达形式，又重视表达的内容

在会话过程中，因为过于重视词汇、语法或语音语调等语言的表达形式，而忽视想要表达的内容的逻辑性，导致语言的逻辑、语句与语句之间的内在联系欠缺，所说的语句都是孤立的一个个的句子，听起来生硬，让听话人难以把握话题的主要内容。

（五）在有声状态下表达时提高思维能力

有研究表明，随着默读习惯的形成，出声说话往往会影响到人的思维能力。成年人与儿童不同之处就是大多已经形成默读的习惯，默读时能够进行判断、推理等思维活动，出声说话时思维能力就下降。而会话需要有声状态下的思维，所以恢复有声状态下的思维能力也是成年人学习外语的一个难题。

三、日语会话能力培养策略

提高日语的口语表达能力首先要以丰富和熟练的语言知识为基础，并辅以交际中能起辅助作用的非语言手段，表达思想，达到交际目的。

会话虽然是活用语言，但是活用的前提是具备语言的熟练，即达到不加思考脱口而出的程度。此外，在表达过程中，人们还可以通过非语言手段来传递自己的思想、意图。通常语言表达手段越丰富，能表达的思想内容就越多。在外语教学中对会话能力的培养主要是针对语言交际研究教学策略，针对非语言能力的培养则没有过多涉及。同时，不同民族文化浸润下的民族语言，在肢体

语言方面的表达方式也是具有民族性的，通过非语言手段交际也应该是日语会话能力培养的目标之一。

提高会话能力还要重视日语思维习惯的形成和训练。日语思维习惯主要是在复用式言语学习中培养。要养成这种习惯决不是一朝一夕的事。对于基础阶段的日语学习者来说，说的过程通常是汉译日的过程，因此在初级阶段的日语教学中，通过翻译培养日语会话能力是可以容许的，也有一定的优点，可以省去构思话语内容的时间，把精力集中到用日语表达上。但是，对培养说话能力来说，翻译参与会话能力训练的缺点是妨碍日语思维的形成，而思维能力是外语能力的主要因素，由于会话具备快速表达思想的特点，通过会话练习培养日语思维能力也是会话能力培养目标之一。

（一）日语思维能力训练

日语思维简单地说就是用日语思考。思维的形式包括概念、判断、推理等，思维的过程有比较、分析、综合等。将思维的内容用语言表达出来有两种形式，其一是口语表达——会话，其二是笔语表达——写作。如果不能够形成用日语思维的习惯，在表达时过分依赖翻译的作用，即用母语思维，再翻译成日语，则会直接影响到语言交流的速度和表达方式的准确性。因此，思维能力是关系到是否能够迅速表达说话人思想的一个关键。思维能力训练主要采用两种方法，其一是对译起步、熟练为本，其二是从词汇表达到短句、整句表达。

日语教学关于学生思维能力的培养从初级教学阶段就应该有计划地训练。初级阶段学习者所掌握的词汇、语法以及语言表达方式等语言材料数量有限，学习者难以形成完全的日语思维，通常还是以翻译的形式训练用日语表达的技能。例如，想到"初次见面，请多关照"这句汉语，然后在大脑中再译成「始めまして、どうぞ、よろしく」，最后用声音发出读音。随着说话人对这句日语的熟练程度的加深，遇到相同场合时，可能不加思考地就说出了这句话。但是，这只是口语练习中的机械性练习，是语言熟练程度的反映，是思维训练的基础阶段，并没有达到用日语思维的程度。

从词汇表达到短句、整句表达是一个循序渐进的提高过程，从基础阶段就要指导学生养成随时用日语表达的思维意识，见到某物做某事，有意识自我提示用日语表达，独立思考问题时，也可以有意识地用日语词汇去代替母语词汇或短句，为语段思维能力的形成奠定基础。日语思维能力训练可以采用很多方式，在会话练习中训练日语思维能力，可以采用背说、看图说话、仿说、复述和转述、讨论和评论、口头作文等方式。阅读、写作的训练也对日语思维能力的形成有促进作用。

1. 背说训练

将背诵下来的文章再进行背说练习，对日语思维的训练来说很有意义。因为背诵时学习者的记忆表象或多或少地还停留在诸如教科书中本段文字的位置、文字的形状等方面，到了背说阶段，说话人的注意就将会完全集中到要表述的内容的逻辑关系上。

（1）背说不仅是背诵的高度熟练，还是说话者用自我语言表达原作思想的过程，并注意体会文章原作者的感受、感情。

（2）背诵与背说都要求说话人要重视文章所表达的中心思想、主要观点。

（3）背说时要尽量保持语句的连贯性，不做不必要的停顿。

（4）背说时杜绝"先用汉语想语意，再用日语想表达"的思维方式，要直接用原文的语句来思考和表达，当回忆不起来时，可以参考提纲、关键词、图示等。若还是不能回忆起来，可以翻看原文。

2. 看图说话

因为表达的困难一个是语言材料，另一个就是构思，没有内容的表达是难以训练思维的。通过看图说话来练习日语思维是一个好方法。

（1）事先准备。初级阶段的看图说话，由于学习者的语言材料较为贫乏，可以事先查找一些相关的词汇。例如，介绍教室，就要准备教师、学生、书桌、椅子、黑板、门、窗、地图、粉笔、电灯、墙壁等物体名词，还需要准备左右、上下、前后、旁边、邻近等位置名词，最后还要准备表示有无、存在、与否的句型。

（2）反复练习。对于一个图画的表述，每一次可能在语言顺序、中心语、表达的重点上都有差异。可能初次的会话是以黑板为中心位置表达，门、窗、地图等都在黑板的左边或右边；第二次可以桌椅为中心位置；第三次就是以教师或学生为中心位置。这样，每次相同或不同的表达训练既提高了对词汇与语法的熟练程度，又有利于用日语思维习惯的形成。

3. 仿说训练

边看日语录像或边听日语录音，边仿说。有利于提高说话人语言听解能力、记忆能力和日语思维能力。

（1）跟上思路重于跟上发音。在仿说时说话人不仅需要重复音节，更重要的是要跟上录音或录像中说话人的思路。语言从听到说的传递过程与思维到会话的过程相比，有传递速度上的差异。可能个别词句的仿说不完整，只要不影响到仿说者跟上说话者的思路，仿说就可以持续下去，可以认为是有效的仿说。

（2）逐渐提高仿说的完整度。仿说是在听的基础上的"说"，因此与听的能力密切相关。只有不断提高听的能力，仿说的水平才会不断提高。开始训练仿说时可以采取边看文章边听、边仿说的方式练习，以后逐步过渡到参考提纲、参考提示词、只听音仿说。通过训练，仿说的完整性会逐步提高。

（3）仿说要模仿示范读的态度、表情等。仿说训练的另一个作用是在跟随说话人思路的同时，能训练日语语感。通过对录音或录像中说话人的语气、语音、语调的模仿，甚至通过录像画面观察，体会说话人的态度、表情以及肢体语言，来感受日语语言中的省略、寓意等，从而形成对日语的感性认识，达到训练语感的目的。

4. 复述或转述训练

复述或转述通常是指对已经读过或学习过的文章，按照提纲、问题、关键词、人称、人物关系等进行口语复述。因为对于要表述的内容从逻辑到语言点说话人已经做好准备，只是再用日语表达出来，这样的练习，学习者通常会考虑到用日语如何组织语言或表达方式是什么等，注意了就会从翻译过渡到直接用日语思考，因此复述也是训练日语思维的一个好方法。

（1）精练语言。精练复述的语言，以减少日语思维时语言材料选择的困难。尽量用文章中的中心词或中心语句来复述，减少思维过程中语言的障碍。

（2）提高语速。要注意提高复述的速度，以训练思维的敏捷性。提高语速的练习也可以通过朗读训练来进行。

（3）厘清逻辑。厘清要复述的内容之间的逻辑关系、层次，以训练思维的条理性。

（4）按照提纲复述或转述。可以将文章分成若干段，逐段拟出小标题，参考教师的复述或转述示范，然后进行转述或复述的模仿。

（5）按关键词复述或转述。将关键词写下，然后将关键词组织成一段话进行转述或复述。

（6）改换人称复述或转述。采用改变课文或文章中的人称，如把第一人称转成第三人称，或者把直接引语变成间接引语、把间接引语变成直接引语等方式，掌握用不同的人物关系叙述事件经过或情节的能力。

5. 讨论或评论训练

如果将仿说、背说、背诵练习看成是培养学生熟练运用语言材料的训练，则换说、对话、转述、评论则是更进一步灵活运用语言材料的训练。

讨论或评论训练可以以小组为单位练习，也可以独自练习。考虑到学生的学习自制力强弱有差别，建议采取教师指导下的小组练习形式。

讨论或评论的前提是事先拟订题目，选择相关词汇，不规定讨论者要思考的内容。通过用日语讨论来促进讨论者当场对别人的发言、对文章的感受等进行思考和表述，缩短思考时间，从而逐渐减轻母语的干扰，完全进入日语的思维方式。

（1）有效的约定或监控。讨论之前要做好计划和约定，发挥自我监控的作用，必要时可以借助教师的监控。由于参加讨论的学习者的个性心理特征存在差异，有人不喜欢在讨论中发表自我见解，有人用汉语思考后再翻译成日语参加讨论或评论等，这都影响到讨论的顺利进行，所以教师要鼓励发言，杜绝用母语讨论。另外还要控制每个人的发言时间，一个人的发言时间过长，将会影响到其他人的参与。因此要事先对讨论的形式、内容等做好约定和计划，以保证讨论的顺利进行。

（2）明确目的或目标。讨论前要明确讨论的目的及讨论后的检查手段。例如，讨论后的结果以课堂发表、课后书面报告等形式以日语归纳，从而形成有效的学生自我监督机制，这就不会因目标不明确而导致讨论失败。

（3）讨论的时间安排得当。根据要讨论的内容和对讨论内容的兴趣程度等来决定讨论的时间长短。讨论时间过长会导致无话可说或者内容重复；时间过短则思考时间不够，难以完成讨论任务或目标。

（4）讨论形式多样化。可以采用松散型讨论、组织型讨论、专题讨论、辩论等多种形式，使讨论更能为学生提高用日语表达的自信服务。

6. 口头作文

说话人用自己的话表达自己所熟悉的事物，这是思维能力训练的一个好方法。我们通常在学校所做的「スピーチ」训练就属于这一类。

（1）事前准备。口头作文不是背诵，不要事先写好发言稿，背诵下来再发表，因为这不利于思维训练。可以事先写好提纲，对与自己要表达的内容有关的词汇，也可以事先整理出来，以备不时之需。

（2）时间控制。开始时口头作文的时间可以短一些，控制在3～5分钟即可，以后逐渐加长。

（3）教师帮助。开始时可以借助教师在表达方式上的提示或帮助，以后逐渐减少。

（二）提高言语熟练的训练

言语熟练不仅要训练口腔等发音器官的肌肉运动熟练程度，还要提高语言知识的应用熟练程度。提高言语熟练程度可以通过朗诵、背诵、问答训练来实现。

1. 朗诵训练

朗诵是外语学习必不可少的练习方式。但是由于许多学习者没有掌握朗诵的要领，导致事倍功半。有效的朗诵不仅能训练发音器官的肌肉运动，提高语言熟练，还对日语思维训练例如预测下文、揣摩文中语气等有帮助。

（1）听读音后朗读。朗诵练习要在认真听读音示范后进行。在听读音时，要对文中的重音、断句、语调等把握不准确的读音部分做适当标记，以便朗诵时参考。

（2）高声朗诵。成年人习惯于默读，默读可以是视读，也可以是小声朗诵。会话是以自己与对方都能听到的声音表达，大声朗读可以通过对自我声音的熟悉，提高开口说话的自信，还可以在朗读过程中，通过对自我听觉的刺激达到增强记忆的效果。

（3）有感情朗诵。高声朗诵也分几个阶段。练习读一篇文章时，最开始以重视语音语调、语流语速为重点，然后逐渐过渡到一边读一边理解文章意义，养成一边读一边思考的习惯，通过想象把自己融进角色中，这也是训练日语思维能力的方法之一。朗诵练习的目标不仅是语调正确、断句得当、流畅通顺地诵读文章，还要通过朗读，体会文章的感情，做到有感情地朗诵。感情投入地朗诵需要一边读一边思考或体会文章的内容，随着朗读速度的提高，日语思维的敏捷性也得到训练。

2. 背诵训练

背诵是外语学习中最常见的学习方法，背诵的优点不仅在于可以训练朗读技巧，还可以使学习者牢固地记忆语言材料。通过背诵可以培养学生熟练地运用语言的技能。因为背诵语句，如寒暄语、日常会话等，是开口说日语的捷径；背诵课文等，由于文章本身存在着逻辑关系，所以通常采用理解记忆比较有效。在理解记忆过程中，背诵已经与思维训练发生联系，因此背诵本身对日语思维的形成也具有促进作用。

（1）选择有价值的背诵材料。从发展口语会话能力的角度看，背诵的语言材料最好是现代规范的日语，而且在口语中属于通用的语言。背诵材料的题材和体裁要广泛。但有些如日记、普通会话体的课文则不必按语句顺序背诵，只要能够模仿套用即可。

（2）理解基础上的背诵。不理解的内容难以背诵，即使硬记下来也会很快遗忘。理解性背诵是指：第一，在背诵之前就明白所背诵语言材料的内容和语言结构；第二，掌握包括朗读技术在内的背诵的方法；第三，背诵时要边背边想背诵提纲、关键词等，否则就会变成死记硬背。

（3）背诵后检查。检查的内容包括语音、语调。语调正确是对文章内容，对作者要表达的思想感情理解与否的一个标志，一定要重点检查。还可以通过自我提问或教师提问的方式进行问答检查。

（4）背诵后的进一步活用练习。背诵不是会话，只是提高会话能力的一个手段，因此背诵必须和活用式会话练习结合起来，作用才更显著。这些活用式练习不是机械地重复文章中的原话，更重要的是灵活运用已经熟练的词汇或语句。

3. 问答训练

问答也是发展口语能力的一个基本练习形式，是一种语言练习。这种练习的优点在于能全面训练听说读写的能力。参加口头问答练习时，因为有主动提问和主动回答的行为，所以既要理解又要表达。在这种综合的交替练习中，可以训练说话人反应速度，流利、准确地表达等能力。

在日语课堂教学中，问答可以包括课文内容问答、即景问答、按图画问答，还包括句子成分问答、概括性问答、选择性问答、疑问词问答、肯定或否定问答等。无论采用什么方式的问答，都必须遵循由易到难、由简单到复杂的原则。

（1）提问和回答都要语言清晰，语法正确，努力做到语调标准、优美。

（2）语言的逻辑性要强，避免思路混乱带来交际困难。

（3）掌握必要的提问技巧，学会表达自己思想的基本方法。

（4）提高口头提问或回答的机会或次数。

（5）经常开展小组协作式问答或者学生自拟题目、自问自答的虚拟问答训练。

第三节　阅读教学策略

一、日语阅读教学概述

日语阅读教学针对中国学生和欧美学生的指导策略有很大差异。这是由于日语中的当用汉字为中国学习者提供了便捷，对于识记汉字的中国学习者来说，即使不能读出日语当用汉字的发音，也能推测出其大概意义。但是，同样由于日语假名词汇的存在，有时虽然能读出一些词汇的语音，却不能理解语义。因此，中国学生在阅读日语时，在文字的音、形、义方面有相互脱节的现象。培养日语阅读能力实际上是要在语言的音、形、义之间建立起有机的联系，由视觉辨认声音符号，使声音符号和它的含义联系起来，进而直接理解文字的内容，以形成阅读的基本能力。

阅读既是已有外语知识的应用，也是新的外语知识和言语材料的吸收与积累，与其相比较，其他的言语技能如说和写，某种程度上也包括听，却是一种知识输出。因此，阅读能力的特点有别于其他言语技能。

（一）阅读是一种无声的交际活动

（1）阅读是书面交际。阅读所接触的是以文字符号为外部表现形式的语言，是凭借视觉器官接受信息。

（2）阅读是单向交际。作者通过文字符号、标点、重点符号、大小写、不同的印刷体等非语言手段向读者传递信息，阅读时有疑问不能当场询问，理解是否准确也无法当场验证。

（3）阅读也是读者与作者之间进行的交际活动。因为通过阅读，读者能够感受、理解作者的意图和思想。这种感知和理解不是简单地接受信息，而是读者把自己的经验、感受等融合到所读的语言材料中，这样才能引起共鸣。因此，阅读也是一种读者的创造性活动。

（二）阅读是读者积极主动的思维过程

阅读时首先要对假名、词汇、句子结构等加以识别，并以此为依据，跟踪作者的思想，以便把握所阅读的语言材料的内容。

阅读过程中没有表情、手势、语境的提示，只能靠文字符号描述语境，所以需要读者边思维、边理解、边识别，脱离开读者的分析、综合、判断和推理等思维活动，阅读就不可能实现。因此阅读是一种思维的活动，从阅读的心理过程看，阅读不是为了感知语言符号，而是为了理解所读的语言材料，这是阅读的最终目的。根据阅读理解的心理过程是以分析为主还是以综合为主的不同，可以将阅读划分为分析性阅读和综合性阅读。分析性阅读伴有对材料的全面分析，必要时还使用翻译，从而推理地、间接地理解文字材料，这种阅读对初级阶段的日语学习有重要意义。综合性阅读是一种不要求翻译直接理解的阅读，是阅读能力培养的主要目标。分析性阅读是综合性阅读的基础，在综合性阅读过程中也包含着如查阅词典、对难懂语句的翻译等的分析行为。因此两者是互相联系、不可分割的。

阅读按照目的分类，可以分为略读、速读、精读和评读。略读是为了获取某一事实的信息的一种粗略的阅读；速读的目的是为了了解文章的大意；精读是为了全面精确理解一篇文章而进行的阅读；评读则是为了读后要对文章加以评价，以确定文章里的观点与读者有何不同。在日语学习中，通常是采用朗读、默读、精读和泛读等方式培养阅读能力，略读和速读很少被纳入阅读学习任务中，但是它在阅读能力中占据重要的地位。

外语教学法的各个流派对于阅读能力的认识和理解存在分歧。语法翻译法派认为，阅读就是对句子景象语法分析的过程，只要逐句把语法分析清楚了，就算掌握了阅读能力。直接法认为，阅读能力是口语能力的自然发展，无须特意去培养，只要多读就可以自然形成。口语法认为阅读能力是一种语言能力，只要掌握了基本语法规则和足够的词汇就可以说是具备了阅读能力。上述认识都不够全面。阅读是读者通过视觉感知、识别、理解语言材料的推理过程，是学习者从书面材料中获取知识的一种能力，是学习各种技能、本领的重要手段。培养学生日语（作为外语）独立阅读的能力是日语教学的目的之一。

阅读能力即是感知、识别和理解语言材料的能力。具体来说，它包括辨认词、词组、句子结构的能力；把握段落中心思想和作者思想发展趋势的能力；弄清句、段之间的关系和诸如指示代词的实际内容等方面的能力；对文章整体的综合理解的能力等。

二、日语阅读教学要点

（一）提高阅读速度

按照各级日语教学大纲的要求，基础阶段的阅读速度为每分钟 50～80 个词；高级阶段的阅读速度为每分钟 100～130 个词。在开始练习阅读时，由于对语言规则、词汇以及话题本身的陌生，往往难以马上达到要求，需要通过训练逐步提高阅读速度。

（二）准确理解语言

日语中助词和助动词的广泛使用，使日语的复句与单句不同于汉语，语序不影响语意，长修饰语在句子中也使用频繁，这就造成我们难以理解语句意义或文章宗旨，必须反复阅读。这就是导致阅读速度慢的原因之一。

（三）保持阅读兴趣

当所阅读的文章中出现生词或语法项目时，就中断整个阅读活动，注意集中于对生词的查找或对语法项目表达意义的确认。这使阅读过程中的思维活动中断，阅读变成了词汇或语法项目学习的手段。在阅读文章中如果多次中断阅读，就会降低阅读的兴趣，因感觉阅读压力太大而导致抵触阅读的心理产生，最后放弃阅读。这也是阅读过程中经常会出现的情况。

（四）善于运用工具书

阅读过程中并不排除使用工具书，关键是如何使用工具书。有的学习者在学习中因怕麻烦而不使用工具书，有的学习者则过度依赖工具书，用工具书代替记忆，这些都不是正确的态度和做法。在阅读中不善于使用工具书会直接影响到阅读的速度、效率、兴趣、准确理解文章等，所以指导学生有效使用工具书也是阅读教学的重要任务。

（五）训练阅读过程中想象、推理等思维能力

阅读虽然不同于表达式言语活动的会话和写作，属于领会式学习活动，但

是，阅读也需要想象、推理、判断、概括、综合、归纳、分析等思维活动参与到其中，在阅读过程中机械地观察语言符号是无意义的，而我们在朗读、默读外语时，都不免会因为过分注意语音、语流、语调而忽视语意，不能使思维活动有效地参与到阅读活动中，从而导致出现阅读理解困难。

三、日语阅读能力培养策略

(一) 四环节阅读策略

四环节阅读策略就是通过由点到面的综合概括，逐步缩小记忆范围，利用较短的时间掌握全部阅读内容的阅读方法。它比较适合学习新的知识，特别是适合需要记忆的学习材料的阅读。四环节阅读策略包括精读材料、编写提纲、尝试背诵和有效强化四个步骤。

1. 精读材料

精读材料就是对所要学习的内容，抓中心，细心阅读，根据材料的不同类型、不同分量，掌握其要点、重点和难点，理解知识间的必然联系，在大脑内形成一个知识网络。

（1）重视日语中接续词、指示代词的应用，以准确把握日语句与句、语段与语段、上下文之间的关系。

（2）对陌生词汇、语法现象等要通过查找资料弄清楚，以免误解语义。

（3）对学生不熟悉领域的文章，事先布置阅读相关的母语资料，以帮助阅读理解的顺利实现。

（4）应用画线策略、提取中心词策略等，找出文章中的核心词、语句，从而在把握文章的中心意义的前提下通篇阅读。

2. 编写提纲

编写提纲即在理解所学内容的基础上细致地进行筛选、概括、总结、组织，然后根据材料的性质，用自己的语言，简明扼要地编写提纲，如每篇划分为几个部分，每个部分划分为几个段落、每一段概括为一句话等，从而使文章核心清晰直观地展现出来。

编写提纲是提高阅读者智力活动的积极有效的方法。层次分明、逻辑性强的提纲便于记忆和保持，有利于再现材料的"意义依据"。

在对日语文章进行编写提纲时，可以采用"六个 W"提问策略，即 When（何时）、Where（何地）、What（什么）、Who（谁）、Why（为什么）、How（如何），同时注意问题如下：

（1）找出各种有关时间的数字信息。

（2）所读材料的主要内容是什么，选择某个疑问的正确回答。

（3）作者想要说明的问题是什么，概括主人公从事某种活动的主要理由。

（4）了解作者的态度并确定自己是否同意作者的观点。

（5）对某事件作出归纳和解释。

日语文章中材料的标题，或者每段的第一句和最后一句很重要。有归结词的，例如「つまり」「とりぁぇず」「要すゐに」「だから」等，都是对本段落内容的总结和说明，关注这部分内容，有助于抓住文章大意。阅读能力提高中的编写提纲的技巧与写作能力提高中的提纲编写技巧有异曲同工之处，可以互为借鉴。

3. 尝试背诵

尝试背诵就是对所写的提纲，按照顺序一遍一遍试着回忆，遇到不会和不清楚的地方再翻书本对照，进行反馈，然后针对薄弱环节进行二次反馈。这一过程是对阅读材料进行内化的过程。

阅读理解阶段的背诵不同于全文记忆，关键是要抓住文章的脉络、主题。这有利于对全篇文章的理解。特别是阅读长篇小说或科普文章时，对提纲的记忆，能够让读者长时间地保存对文章的记忆。

4. 有效强化

有效强化就是用最短的语言，抓住概念的内涵、实质和阅读材料的核心内容，再对提纲进行压缩，使之成为简纲，即把每一句压缩为关键的几个字。然后针对简纲进行强化回忆，以求在头脑中留下长久的印象。

（二）提高阅读速度策略

人们在阅读速度上存在着很大的差异，特别是外语的阅读速度，直接受读者对所读语言材料在语言学、文章内容等方面熟练程度的制约，快慢之分显著。但需要明确的是，阅读的根本目的是理解，阅读速度应该是理解的速度，理解是最重要的，一味加快速度而不理解是没有意义的。提高阅读速度就是提高理解速度。因此，提高阅读速度首先要找出阅读速度慢的原因。

通常造成阅读速度慢的原因有几点：

（1）阅读时不专心，例如阅读的同时听别人讲话或听广播、音乐等。

（2）掌握的日语词汇量不够。

（3）不会根据不同的材料和自己的阅读目的来调整阅读速度。

（4）已经养成慢吞吞阅读的习惯，思维不能很好地紧张起来、活跃起来。

（5）阅读时总是不知不觉地读出声音来。

（6）在提高自己阅读速度的训练中过分依赖加快眼球运动，以达到提速的目的。

从上述分析中可知，语言基础、文章背景等因素导致的阅读速度慢，可以通过事先查找资料等方式，进行精读训练；而由阅读习惯等导致的影响阅读速度的问题，必须采取相应的措施加以克服。

1. 定时训练

有必要每天都安排一定时间来阅读。至少要持续进行三四周，每天阅读20～30分钟，最好找一段不被干扰的时间，例如清早或晚上睡觉前。

2. 视读习惯

因为在阅读的过程中，默读的速度高于低诵和诵读。要提高阅读速度，必须养成默读的习惯，使视觉与听觉、动觉联系、感知与识别、迅速推测协同作用，以提高阅读速度。通常外语教学提倡高声诵读，以提高声音对大脑皮层的刺激作用。这与默读似乎是矛盾的，但是经过训练，诵读与默读的能力都能具备。

3. 视幅训练

初学外语者一般视幅不宽，阅读时视线往往逐词停留。而心理学实验表明，一般人的视幅达4～6厘米，即覆盖20个左右的假名或汉字，阅读4～6个单词。因此，一般人的阅读速度每分钟为250～300个词。但是初学者的阅读速度每分钟只有50～60个词，因此通过扩大视幅来提高阅读速度，很有潜力。

4. 阅读单位

初学者往往逐词阅读、逐词理解，从捕捉信息的角度来说浪费很多时间。因为每个词都传递信息，也并非每个词都单独传递信息，所以为了提高阅读速度，必须逐步扩大阅读单位，从词的单位逐步扩大到以语义、意群、句子为单位。

5. 关键词句

缺乏阅读技巧的阅读者，容易在每个阅读单位上平均使用注意力，平均使用时间。而事实上每个阅读单位的信息负荷量并不相等，交际作用并不相同。以词汇来说，有的词汇只是一种结构符号，而有的词汇信息复合量大，是句意最集中的地方，是全句的关键词。以意群来说，日语的谓语放在句子的末尾，其交际作用大于主语，因为主语传递已知信息，谓语传递未知信息。以句、段来说，交际作用也有差别。因此，把注意力集中在关键词句，或者说信息负荷量集中、交际作用大的词句上，能明显提高阅读速度。

6. 预测

日语语言是含蓄的，通常不使用直接的肯定或否定的表达方式。因此在语言的构成上，大量的副词暗含着谓语要表达的肯定或否定、推测、断定、意志等语气。例如，表示"全部"意义的「全部」和「全然」，表示"稍微、一点"之意的「少し」和「少しも」，还有「なかなか」等，即使没有读到后面的谓语，也能推测出语句要表达的肯定或否定语气。通过副词推测语句中的谓语是提高阅读速度的一个手段。

此外，通过对人物身份、故事情节、事件经过等的了解和认识，利用自我对日本社会、文化等方面的知识和经验，对所读文章的大概结论或事件发展趋势进行推测，一方面能够克服个别陌生词汇的障碍，另一方面能够加强对文章中心的注意程度，是提高阅读速度的一个好方法。

7. 选择阅读材料

最初选择的阅读材料应该是简短的、容易读的。如日语小故事，日文报道、日语杂志上登载的各种题材和体裁的小文章等，以后逐步增加所阅读语言材料的难度和长度。同时还要注意所选的语言材料要适合学生现阶段的日语程度，最初阶段生词或不懂的语法现象以不超过 3％为宜。

8. 时间管理

在理解的基础上尽可能快速通读每一篇文章，准确记下自己通读每篇文章所需的时间，估计一下每一篇文章的大概字数，按字数算出自己平均每分钟的阅读速度。有必要的话可自己准备一个图表，记录你的阅读速度的进步情况。通常两周后，你的阅读速度就会增长，并且稳定在一个较高的水平。

9. 阅读标准

要以准确理解为目标，不能只图快。还要注意克服习惯性"回读"（即一句话或一段话反复读几遍）和"边读边翻译"的习惯。尽量要用日语的思维方式领会理解文章所表达的内容。

（三）阅读理解能力提高策略

分析性阅读与综合性阅读都需要充分理解语言材料。影响综合性阅读能力形成的因素很多，如读者的智力水平、生理条件、兴趣和性格、社会经济文化背景、日语语言的基础等。阅读过程中，读者的主观努力固然是决定阅读效果的主要因素，但是通过有效的阅读训练，可以挖掘潜力，有步骤、有程序地培养适合自己的阅读习惯，以提高阅读能力。

1. 精选阅读材料

精选阅读材料是指对学习者来说供综合性阅读使用的材料，应该是比较容易理解和接受的，否则就需要经过翻译语句来理解文章意义，失去训练日语思维的机会。如果阅读材料中生词过多，难免不停地查字典；句子结构过分复杂，每句都要反复推敲，也会使读者失去阅读的兴趣。因此综合性阅读的材料要以熟悉的词汇和语法结构为基础，即使是有少量的生词也应该是可以推测其意义的。

2. 阅读准备

读一本书要从序、目录读起。许多学习者是拿起一本书就读，不分章节或顺序，或者只看每一章的内容，导致对书或文章的理解是一个个知识的碎片，没有形成知识结构或框架。一本书或一篇文章的序言是作者就写作特点、写作背景、写作目的等的归纳，如果是他人作序，还包括他人对本作品的认识和评价，这都是有效理解文章的有价值的参考内容。

目录是作品的框架结构，尤其是科学性、理论性强的作品，可以通过阅读目录来掌握作品的理论框架，使后续的阅读不再是读一个个知识的碎片，从而建立起框架清晰、内容丰满的知识体系。

阅读准备还包括对所阅读作品的历史背景、作家、作品分析等内容的资料查找和阅读。这会为学习者有效理解作品提供帮助。

3. 提高阅读兴趣

学习者对所阅读的材料感兴趣是提高阅读理解水平的钥匙。通过选择阅读材料、明确阅读目的和任务、规定阅读时间等各种阅读学习的监控，达到乐于阅读，从被动读到主动读，提高阅读的积极性。

4. 多种形式的阅读

阅读过程中通常以默读为主。默读是理解语言材料的最有效的方法，其成效超过朗读。但是默读时间的长短要有效监控，时间过长，有些学生的自制力不够，就会在阅读过程中停顿或注意力分散。因此，可以通过预先设问、读后回答或发表阅读感受、小组讨论等方式，将阅读目标具体化，设计一个明确的阅读目的。或者将一篇较长的文章分成几个部分，大部分要求默读，小部分要求诵读，通过阅读形式的变化提高阅读兴趣。

5. 工具书的应用

工具书的使用要依据阅读的目的和阅读内容来确定。通常在精读作品时多用工具书，泛读时较少使用。如果泛读中出现了与文章中心思想和主题密切相关的生词或语法项目，可以去查找工具书。但是，对于可以通过文章的脉络猜测得出大概意义的词汇就不必逐一查找，以免影响对文章的整体理解和日语思维的训练。

通常工具书是指辞典。当日语学习到一定程度，就要开始有计划地学习使用日语原文工具书。这一方面可以提高日语词汇的使用频率，提高阅读理解能力，另一方面也有助于准确理解日语词汇概念。

工具书的选择也要有一个由浅入深逐渐过渡的过程。有条件的学习者开始可以选择各种版本的日汉或汉日辞典，然后可以使用原版的《小学馆国语辞典》等，随着语言学习程度的提高，可以选用《新明解国语辞典》《广词苑》等原版工具书。在使用原版工具书时，对于日语注释部分出现的生词等可以参考汉日对译辞典的注释理解。

目前面向日语学习者的电子辞书更新换代比较快，卡西欧等专业电子辞书中不仅包含日语、汉语、英语词典内容，甚至还包括日语能力 1 级、2 级考试辅导练习题，词典配置标准日语读音，功能近乎于一个学习机。由于电子词典体积小、容量大、功能齐备，学习者使用时操作便捷，教学指导上一方面鼓励学生充分利用，以帮助学习，另一方面还要避免过度依赖电子词典，以免语言积累中的主动记忆意愿降低，记忆效果受影响。

6. 教师激励和学生自我激励

阅读是个有趣的活动，但是带学习任务的阅读有时会给学生带来压力，使其感觉阅读困难，甚至失去阅读兴趣和信心。而教师对阅读任务的有意义设计、教师给予学生的鼓励和表扬、学生的自我肯定，可以增进学习的自信，从而激发继续努力战胜困难的勇气。

第四节　写作教学策略

一、日语写作教学概述

写作是借助文字符号传递信息的言语活动或语言交际形式，是一种言语输出过程，也是一种连续的运动技能。按照写作的内容形式，可以把写作分为"句写作"与"文章写作"。

（一）句写作

句写作也称造句。造句是言语产生的基本能力，是言语表达技能的一部分。造句不同于表达思想，可以不考虑社会语境等许多因素，只要按照语法要求组织词汇和短语等语言材料即可。因此，书面造句还只是一种语言练习，以培养语言技能为目的。造句也有不同的层次划分：如初级阶段常用的替换性造句等；中高级的自由造句（对于一个单词或句法结构进行的）、回答问题、汉译日等。我们所说的"句写作"是侧重在自由造句方面。

口头造句与书面造句是截然不同的。口头造句主要依靠发音器官来实现输出功能，造句的效果部分地取决于发音的质量，受时间限制，要求快速完成，无法使用工具书，语法词汇的使用一般较为简单，无暇修改和校正。书面造句主要依靠手的书写来实现输出功能。书写在造句中有一定地位，有较多时间考虑，能使用工具书，语法词汇的使用相应地较为复杂，不受时间限制（如课外作业），即使限时完成（如课内作业）也比较从容，完成后有检查、修改和思考的时间。此外，从句子内容的优劣主要取决于言语表达中最为重要的"语言结构能力"角度看，口头造句与书面造句的训练是一致的。但是书面造句在选词、语法结构等方面的质量要求更高一些。而且语言体裁和风格上，日语的口头语和书面语之间的差异也很大。

(二) 文章写作

文章写作是一个自觉的过程，必须通过自觉学习来掌握这一技能。文章写作又是借助语言符号表达思想，不可能借助面部表情、手势、身体动作等语言辅助表达手段，只能依靠文字和标点符号来表达思想，因此不会有即时的反馈。文章写作可以反复考虑和修改。反复考虑就可以慎重措辞，反复修改就可以表达完整、表述清晰、减少错误。

文章写作能力有时体现为写文章的高级表现形式，有时也体现为用笔语回答问题的低级表现形式。由于日语语言有口语体和文章体之分，口语体通常用于口语会话，所以与听和说的关系更密切。文章体主要用于笔语交流，因此，与读和写的关系更为紧密。日语的口语体和文章体几乎是两套词汇与语法体系，与其他的外语技能相比，写作能力的培养更有意义。

提高日语文章写作能力要依靠日语语言结构能力和阅读能力的培养，同时也依靠听、说能力的培养，文章写作能力培养的目的就是把各种学习中获得的语言知识综合地运用到书面交际中去。

文章写作能力的高低主要表现在构思能力和表达能力上。通过写作课或作文课对不同题材和体裁的内容（如信件、报告、日记以及实用公文等）进行的写作训练，也包括句子水平的书面练习，是培养写作能力中构思能力和表达能力的主要方式。

在日语学习中，造句、汉译日、编写课文提纲等都可以看成写作。这些写作活动是日语教学中的重要操练形式或教学方法，也是为培养文章写作能力做准备的具体训练。文章写作既是日语课程教学的目标之一，也是日语各阶段教学的目的和要求。文章写作训练也是外语思维训练、掌握外语语言结构的训练手段。通过书写日语文章或短句，学生可以获得日语书面语表达能力。

文章写作能力包括书面造句能力、搜集素材能力、书面语言的运用能力、捕捉灵感能力、构思能力、组织和形成思想的能力等。

二、日语写作教学要点

(一) 扎实的语言知识

为表达各种思想内容，必须具备相应的语言基础知识和表达技巧。语言手段越丰富，能够表达的思想内容就越多。要具备写作能力首先就要扩大语言知识的储备和语言表达技巧。在写作过程中会遇到的首要困难是日语语言知识不足，例如词汇量少，不能自如运用语法规则，以至于不能准确表达思想等。

（二）把握书面语与口语的表达方式差异

日语的口语体与书面语在词汇运用、句法结构、句型句式等方面都有很大差异，另外书信、公文等的写作也需要遵循固定格式。因此要提高写作能力，不仅要依靠日语知识的学习和读、听等训练中获得的日语知识，还必须学会各种书面语语体的常用词汇和表达方式、句式，甚至还要学会正确使用标点符号等非语言手段表达。这种口语体和书面语之间的差异也为写作教学增加了任务量，是写作教学的难点之一。

（三）善于用日语构思

成年人通常具备一定的母语写作能力，在用日语写作时，往往先用母语构思或写作，然后再译成日语这种翻译式写作的习惯。不同阶段的日语学习对写作能力的培养也有不同要求。通常基础阶段与高级阶段在文章的体裁、书写的要求、用词以及语言规则的熟练使用等方面要求不同。为培养写作能力，采取笔头翻译的练习形式是容许的，可以省去构思话语内容的时间。但是为了培养在写作过程中的外语思维的习惯，要控制使用翻译，尽可能多地采用有助于养成直接用日语思维习惯的训练方式，以培养日语思维能力，提高用日语自如表达的程度。

（四）言之有物

如果写作时总是感觉无话可说，三言两语就结束，就达不到练习的目的。培养学生擅于展开话题，也是写作教学的任务之一。无论是用母语写作还是用日语写作，有时都不免会出现跑题的情况，也就是不能围绕题目展开议论或分析。这也是写作能力弱带来的外语写作困难之一，需要在教学中给予重视。

三、日语写作能力培养策略

（一）语言规则运用能力提高策略

没有词汇与语法等语言规则作基础，就像没有砖和水泥难以盖起高楼一样，是不能写出通顺流畅的日语文章的。具备一定的语言知识，也不一定就能写出好文章。写作能力的提高也需要通过训练逐步达成。

1. 分阶段、有步骤训练

写作能力的培养不只是高级日语学习阶段的教学任务，它应该与听、说、读等语言技能一样，贯穿于日语学习的始终。初级阶段的写作可能只是短句或短文的编写，是灵活运用新学习的语法或词汇等语言知识的训练，也是复习、巩固式的练习。随着日语知识学习的程度不断提高，对写作能力的要求也不断提高，一个话语内容可以采用多种表达方式来表达，例如语体变换、词汇变换、人物角色变换等。通过有计划有目标的训练，一定能达到提高语言表达能力的目的。

2. 多种形式的大量练习

书面语或口语形式的笔语表达可以通过多种形式的练习来进行。例如填空练习、看图写话、汉译日、造句、写命题短文等。每一种练习方式都有具体的方法和步骤。例如利用图示进行写作训练时，可以采取给画面加注释、看图写句子写文章、就画面问答等具体的训练方法，一方面培养学习者的笔语能力，另一方面训练日语思维能力和想象能力。

对语言规则的熟练运用需要通过长期的、大量的训练来完成。由于写作可以慢慢思考、反复修改，是灵活、准确、自然地使用语言的极好练习方法。

3. 重视修改

对于已经写完的语句或文章一定要认真阅读，反复修改。除了修改认为不适当的词汇或语法规则，还要从语言逻辑、修辞的角度考虑，增强语言表达的逻辑性、条理性。修改可以分为自我修改和他人修改。要在自我修改的基础上请教教师或借助参考资料修改。修改不是对答案，一定要事后分析原因，体会被修改的语句与自己写作的语句有什么差异，从而学习准确的日语表达方式。

（二）日语写作能力提高的策略

日语写作能力与母语写作能力息息相关，母语的写作水平高，相应地也能具备用日语破题、构思、捕捉灵感等能力。尽管用外语思维时会带来某种程度的能力降低，但是提高总体写作技能会为日语写作能力的提高提供帮助。

1. 破题

写作的题目来源通常有指定题目和自选题目两种。对于指定题目的写作，首先要分析题目的各个方面，要充分收集资料来满足题目的需要，把指定的题目真正变成自己的题目，搞清题目涉及的范围与自己已知的东西有多少关联，尽可能使自己的兴趣和经验与之联系起来。个人经验正是进入题目所需要的。

对于自选题目往往是从自己熟悉的和感兴趣的问题入手，要慎重推敲所定题目涉及的范围，避免题目过大，要写的范围太广，出现自己难以驾驭的情况。因为范围过广往往难以深入，因过于肤浅而导致写作失败。因此，选题首先要确定的是"写什么"，即"为什么写""给谁写"，或者说"读者是谁"这两个问题。应考虑写作目的和读者的需要来选题。

2. 构思和捕捉灵感

构思是一个积极的思考、酝酿的过程。在构思的过程中需要灵感，即从一个词、一句话或者一件事物、一种现象中突然产生某种联想，发现新的解决问题的办法。但是这种灵感不是凭空而降的，它来源于知识和经验的积累。也就是说，有效的构思需要扎实的努力和善于捕捉灵感两个要素发挥作用。

3. 累积素材

累积素材就是围绕文章的主题写下所有能想象到的词汇或语句，不必受标点、语法、词汇书写的正误，甚至是否已经脱离开始时你对题目的认识等的限制，信笔畅书，发挥想象力，写出足够量的与主题相关的材料。

累积素材可以采用图解法、树形图、词束网络的方式。图解法即用图示勾画出文章的中心思想或要表达的主题；树形图就是围绕着文章的主题和中心思想，勾画出文章的结构关系，厘清文章的脉络；词束网络即罗列出所有能够想象到的与主题相关的词束，从这些材料中划出自己感兴趣或自认为有感可发的内容，从中选出你希望得到的东西，逐步使自己文章的主题更明确、更突出。

4. "六个 W"提问

通过对文章的 Who（谁）、When（何时）、Where（何地）、What（什么）、Why（为什么）、How（如何）这六个问题的回答，增强文章主题的深度，产生更多的素材，从素材中找出切入文章的办法。可能在一篇文章中，有些要素是没有涉及的，因为文章需要有所侧重。但是在写文章时，往往是从这些基本要素中提取重要的、个别的问题来解决一些矛盾冲突。

5. 有目的地阅读或与他人交谈

有时冥思苦想也不能产生灵感，这就需要阅读一些相关资料，从大量的信息中受到启发，从而产生新的想法。必要时还可以通过与他人交谈，听取不同角度的看法，扩大眼界，开阔思路。

6. 解答问题

在解决矛盾的过程中逐渐找到矛盾的实质、根源并找到解决问题的办法。解决矛盾的过程也是构思的过程，分析与题目有关的问题，并且从不同的侧面回答这些问题，就能在发现和解决矛盾的过程中明确自己的观点和态度，这也就是所谓的灵感。

7. 撰写提纲

书面语的写作可以分为以事实为中心的写作和以思索性的或以思想为中心的写作。前者是作者在写前已经知道大部分的写作内容，写作的任务在于运用语言符号，明确而有效地呈现这些内容；后者有突现性特征，作者在写作的过程中发现许多内容，写作的任务是组织和表达这些内容。以事实为中心的写作，有大量的材料需要简明扼要地阐释，应为写作草拟一个初步计划，使材料得到控制。

写出主题句提纲和要点提纲（或关键词提纲）时要用日语构思。使用日语词汇或短语、语句写提纲，可使整个文章在构思之时就是用日文结构和表达，避免用汉语构思或写作再翻译成日语导致的"翻译腔"文章的产生。

8. 大量阅读

大量阅读一方面可以扩大知识面，提高针对语言规则的复习巩固的频率；另一方面通过阅读同一题材或体裁的文章，可以为构思、写作等提供灵感，从而有助于提高写作能力。

第五节 翻译教学策略

一、日汉翻译教学概述

日汉翻译是日语和汉语的语言信息互为转换的过程，是两种语言符号的互相阐释，它包括汉译日和日译汉两种模式，还包括有口译和笔译两种表达方式。职业口译按其活动性质大致可分为三种类型：会议传译、随从传译、联络传译，其中，会议传译按工作方式又可分为同声传译和交替传译。笔译主要与所译素材题材相关，包括文学翻译、科技翻译、政论翻译、商务公函翻译等。无论是口译还是笔译，按照翻译的具体策略来分，还有直译和意译之别。翻译的语言学研究，把翻译从经验主义中解放出来；翻译不仅是纯语言层面的活动，更是一种重要的文化实践。翻译具有社会性、文化性、符号转换性、创造性和历史性等本质特征。总之，翻译是以符号转换为手段、意义再生为任务的一项跨文化交际活动。

翻译与听、说、读、写四项外语技能有着密切的联系。口译与听、说相关，有关听、说的能力对翻译能力的形成都有促进作用；笔译与读、写不可分割，读与写的能力也有助于翻译能力的提升。无论是听、说、读、写还是翻译，都与语言的文化背景密切相关。翻译与外语四技的差异主要在于：听、说活动主要有发话人、听话人参与；读、写活动有作者、读者两个要素参与，并且所阅读的作品只涉及原作一部。与之相比，翻译活动的参与者更多，在口译过程中包括说话人—翻译—听话人；在笔译中包括作者—译者—读者，并且笔译活动所涉及的作品也包括原作、译作两个要素。有更多的人和物参与的翻译活动，其对译者的心理、生理及双语水平、对译能力等有更高的要求。

关于翻译的标准，学界始终没有定论。东西方翻译理论从古至今对翻译标准的研究一直在持续发展。西方翻译标准理论有瓦尔特·本雅明纯语言观、泰特勒的等值原则、卡特福德的话语对等理论、奈达的动态对等论等，从不同侧面阐释什么是好的翻译；中国从佛经翻译的直译、意译到严复提出信、达、雅，经历了几千年的发展，现代翻译理论也出现过傅雷的神似说和钱钟书的化境论。可以说，翻译的标准由于受到时代、社会需求、读者需求等影响，没有唯一的、绝对的标准。从教学角度研究翻译能力的培养问题，仅从翻译的准确性、艺术性、实效性出发，开展讨论。

总之，翻译教学与语言知识教学和语言技能教学密切相关，但是，翻译学又是一门独立科学，有其独立的理论体系和研究方法，也有其独立的任务目标和标准要求。

二、翻译教学要点

（一）翻译的基础

翻译的基础是译者能自如运用外语和母语两种语言。译者的语言基本功包括词汇量、语法知识、阅读或听解能力、分析理解能力、措辞能力、组句能力、修辞能力、文学艺术修养等。在翻译教学中，往往更重视对外语的理解、外语的表述方式，忽视对母语的再教学。在专业日语教学中，无论是口译还是笔译，准确翻译是基本原则。要做到准确翻译，一方面要对发话者（或者作者）的语言有准确理解、对发话者（或者作者）的心理准确把握，另一方面是完美利用另外一种语言再现和传递出这些思想与话语内涵。所以，能否准确理解、表达两种语言都会直接影响到翻译的质量和水平。翻译教学肩负着教授"传递信息的方法和策略"任务的同时，也肩负着指导学生再认识母语的责任。

（二）翻译的技巧

语言的转换首先是词汇和语言规则的转换，其次是语言文化心理的转换。翻译教学的一项重要任务就是让学生把握翻译技巧，例如，词汇转换时要注意中日词汇的概念有无差异，是否是专有名词或者多义词，词汇的感情色彩如何，位相语的翻译、熟语的翻译、简称的翻译、数次的翻译、流行语的翻译、歇后语的翻译、拟声拟态词的翻译、特殊词语的翻译等。关于句子翻译，翻译教学不仅涉及句型、语法、惯用搭配等语言结构、规则，更重要的是指导学生准确把握句子的语言逻辑；文章的翻译会涉及不同题材、不同体裁文章的翻译技巧；语言的文化和心理在跨文化交际部分已经说明，例如，"说曹操，曹操到"这句话和三国时期的曹操没有关系，是语言的文化性表达；当日本人说「じゃ、また会いましょう」，就不是邀约，而是对当下会面的拒绝，这是语言的心理性表达。翻译教学就是要指导学生把握翻译技巧，为翻译实践提供理论指导。

（三）翻译标准的把握

翻译标准的讨论始终是翻译理论研究的焦点，如何把握各种流派观点不一的翻译标准，到底是"信、达、雅"为最佳，还是"神似""化境"才是终极目标，翻译理论教学也不能回避这个问题。教师的责任就是指导学生能够按照不同翻译场合、不同翻译目标，采取不同的翻译技巧，灵活把握不同的翻译标准，做好翻译实践。

（四）翻译的心理训练

口译对译者的心理素质要求高，因为临场紧张、现场嘈杂带来的情绪波动和注意力分散、疲劳带来的短时记忆力下降等，都会导致翻译的失败。此外，译者的快速反应能力、得体应答的机智、敏锐的推理判断力、灵活得当的交际能力等，都影响着翻译的效果。笔译对译者的品质也有要求，如精益求精的钻研精神、耐得住寂寞和枯燥的毅力、持久工作的韧劲等。译者在从事翻译工作时，只有具备良好、稳定的心理素质，才能有效发挥自如运用双语的翻译能力。

（五）翻译的职业素养

翻译人员除了具备专业知识（外语知识、母语知识）外，还要具备广博的知识结构，了解各行各业的基本情况。职业翻译要具备一定的综合素质，如记忆能力、记录能力、逻辑分析能力、概括能力、语言表达能力、写作能力等。此外，翻译人员还需具备政治素养（社会责任心、爱国、爱民族、有信仰等）、职业道德（保密意识、严谨的工作作风、实事求是的翻译态度）和行为素养（举止有礼、穿着得体、态度端正、守时严谨等）。

三、日汉翻译能力培养策略

（一）翻译前准备所需要能力的训练

无论是笔译还是口译，译前做好充分准备，不仅可以增强译者翻译实践的自信心，更是翻译顺利进行的必要保障。口译和笔译的译前准备有相同点和不同点。

1. 口译的译前准备

（1）专有名词准备。首先要准备人名、地名、机构名称、所谈业务相关的专有名词等。

（2）话题准备。即将开始的口译将围绕什么样的话题展开，主要是由工作内容决定的。例如，准备随行翻译时，由于工作内容可能会涉及接机、住宿、订餐、宴请、会谈、送别等相关工作，可以围绕这些方面准备语言材料。

（3）背景知识准备。翻译人员需要准备所工作地域的风土人情、物产资源、地理历史等知识，以便交际顺畅。如果是会议翻译，需要了解会议主题、议程、来宾构成、会议发言者的发言提纲等。特别是会议内容如果涉及专业领域，例如经济、管理、法律、金融等的某一侧面，与之相关的国际要闻、名人大事、专业词汇也都要一并准备。

（4）心理状态、精神面貌准备。主要包括严谨认真的工作态度、不急不躁的工作作风、阳光积极的精神面貌等。作为一名翻译工作者，仪表端正、举止有礼、神态亲切自然，首先就积极创设了良好的翻译环境。因此，工作前需要洗澡理发、熨烫衣物、早睡、淡妆，规划好时间，不迟到，带好工作所需的材料文件，精神饱满地进入工作场合。养成这样的习惯和心理准备，是口语翻译课程的必要训练。

2. 笔译的译前准备

（1）大量阅读。笔译分文学作品翻译和非文学作品翻译。文学作品翻译主要包括通读原作、了解作者、了解作品的历史背景和作者写作时的社会背景、读与作品相关的评论。通过这些准备，把握作者叙述过程中要表达的文化内涵、心理内涵，这样才能真正把握作品，在翻译一语双关、隐喻的语句、段落时才能找到最准确的表达。非文学作品翻译主要关注专业领域的知识，对专业术语、专有名词、专业背景等做好材料准备，以免由于不懂专业，误译原文或者译文说外行话。因此，尽可能多地收集与拟翻译文献相关的资料，无论是中文还是外文，大量阅读，深入理解，才能顺利翻译。

（2）认真准备。如果是翻译文学作品，需要列出人物关系图、情景示意图、故事发展脉络图等，以便在翻译过程中能宏观把握作品。如果是翻译非文学作品，可以先列出文章逻辑、推理过程等。

（3）反复训练。如果拟翻译的作品是宏大篇章，翻译之前可以先尝试翻译一部分，找准翻译的语言表达风格。也可以请同行对试译部分提意见和建议，通过反复修改，确定翻译基调。

（4）请教研讨。可以访问专业人士，请教不懂的问题，以便能用专业的视点看待翻译工作。

（5）心理状态、精神面貌准备。翻译作品一是需要精益求精的专业精神，全神贯注翻译的习惯。二是需要设定好翻译环境，随手可用的工具书、资料，网络查询的支持，尽可能不要总被打扰和打断，保持翻译工作的连贯性和逻辑性。三是平稳的心态和健康的身体状态是必要保证。

（二）翻译过程中所需要能力的训练

翻译工作中，无论是口译还是笔译，都要求译者具备良好的双语交际能力、扎实的专业功底和精湛的翻译素养，还需要广博的知识、良好的心理素质。为此，在培养翻译工作者专业能力训练时，需要有适合译者水平的中外文拟翻译资料、必要的翻译理论指导、专业的翻译导师的指点、模拟的翻译者工作环境和情景，在这样的环境下，译者会成长得更快。

1. 口译能力的训练

（1）快速反应能力。

第一，视屏翻译。无论是同声传译还是交替传译，都需要译者专注地倾听、敏捷地思考和快速地表达。这个能力的达成需要教学过程中和课后随时随地的训练，例如，播放各种题材和体裁的视屏资料，如影视剧、节目短片、新闻播报、会议现场视频等，让学生练习同声传译和交替传译。交替传译尽可能要求学生完整表述，不拖延。同传训练时即使翻译得不够全面，有时候只译了几个词，也要尝试练习，坚持下去。经过训练，会逐步加快母语与外语的思维转换、从记忆中快速提取词汇，对口部发声器官肌肉群的紧张性锻炼也都有裨益。

第二，口头翻译。以教师或同学组队互译，或者模拟会议翻译为主要形式。目的是为了锻炼译者适应不同声音、语流、语调、语速的语言表达。

第三，听音翻译。主要是不进入翻译情景，看不到说话人动作、表情等，没有语言辅助要素的参与，只凭借声音信息来翻译。这是同声传译训练的初级阶段，对译者来说是更加困难的翻译。

（2）准确全面记忆。

第一，准确记忆的前提是完全听得懂双方的话语思想和内容。

第二，准确记忆的诀窍是把握发话者的叙述逻辑，记忆这个逻辑过程。

第三，必要的提示记录有助于帮助译者准确全面记忆话语内容。记录可以是单词、首字母，可以是草书或符号，最好是用所听语言的符号记录，避免语言转换耽误时间。

第四，充沛的精力和高度兴奋的翻译状态有助于翻译过程的完整记忆。

（3）准确分析预测。

第一，仔细体会隐性语意。翻译过程中，发话者的原则和态度通过动作、表情等更容易被翻译人员所体会，应用这些隐性理解，译者可以预测发话者的后续话语。这种预测能力来源于译者敏锐的观察和平时的积累。

第二，借助言语的字面意义，语言中的语音、声调、语气、副词惯用搭配等，并结合语境等推导出说话人的真正意图或内在含义，这种预测来源于译者的双语语言基本功底。

（4）合适的表达。无论持不同语言的双方以何种态度和语气表达，译者都要始终保持沉着冷静，不夹杂个人情绪，尽可能完整表达双方的意图，又不会引发争端，这是对译者的语言交际能力水平的要求，更是对译者机智应对、敏捷处理临场状况的专业能力和素养的考验。

（5）沉着冷静的态度。

第一，适应各种体位的翻译。无论是坐式翻译还是立式翻译，无论是移动中翻译还是非移动状态下的翻译，译者要适应各种翻译体位，找准作为翻译应该处的位置，把握翻译时的声音高低。

第二，适应各种译位的翻译。有意识训练学生多体验室外翻译、人群中翻译、会议现场翻译、台前翻译、幕后翻译等各种翻译场合，训练学生不受干扰、专注语言交际的能力。

2. 笔译能力训练

（1）准确理解。译文要符合或接近原文意义，准确认知是必要保证。特别是文学翻译，译者要把自我融入作者的心态、感觉、情绪中，捕捉作者选择每一个词、每一个表达的真实意图，是诙谐还是讽刺？是调侃还是陈述？是无奈还是犹豫、迷茫？只有准确把握，才能落笔翻译，否则就是对原作和原作者的不负责任，也是对读者的欺瞒。要做到这一点，反复阅读、提前准备是保障。

（2）推敲。翻译过程中，无论是文学翻译还是非文学翻译，即使是一个语句、一个词汇的差异，也能改变作品的风格，带给读者不一样的感受。所以，到底是该增译还是该减译？该分句还是应该合句？应该颠倒肯定与否定的表达还是保留原作的表达方式？这些都要在尊重原作的基础上，结合译作语言的表达习惯和作品风格决定，需要译者严谨慎重。因此，在日常教学中，要培养学生养成推敲文字的习惯。

（3）表达的艺术性。文学翻译的艺术性主要重在语言精美、表达流畅，特别是诗歌翻译还要简练达意、工整对仗。非文学翻译的艺术性主要表现在语言富有逻辑、表达精练明确。汉语中短句式较为常见，日语中长句比较多，对长短句的分与合，逻辑关系的把握，断句、语言风格的提炼都是笔译需要重视的。这都需要在日常的训练中仔细揣摩，不断提高语言表达水平，达到翻译的艺术准则。

（4）译者的态度和心理。口译不似笔译，只有唯一，别无选择，同声传译尤其如此。即使交替传译可以一边记录一边思考，但是谈话的时间限制也容不得译者过多思考。笔译则可以充分斟酌，衡量利弊得失再做选择。但是，要使译文达到语句通顺、用词精准、标点正确、格式规范等标准，需要译者具有严谨认真、精益求精的工作态度和对译文反复推敲的耐心与恒心。

第六章　课程思政与日语教学的融合

高校日语教师在传授日语知识和技能的同时，还要担负起育人的责任。可以通过在语言文字对比中，增强民族自豪感；在社会现象对比中，贯彻社会主义核心价值观等途径，发掘日语课程中蕴含的思想政治元素。将这些元素有机地融入日语课程教学的全过程，使日语知识的传授与正确的价值观引领相得益彰。本章介绍了课程思政视角下的日语教学现状、日语课程思政教学改革的实践研究以及课程思政与日语课堂教学的融合。

第一节　课程思政视角下的日语教学研究

一、课程思政视角下大学日语教学现状

《大学日语课程教学要求》明确提出，在高等教育阶段的日语教学中加强听、说、读、写、译等方面的教学力度，培养学生的跨文化交际能力和自主学习能力。学习日语语言基础知识、培养日语语用能力是大学日语教学的基础，而以此为起点实现跨文化交际是大学日语教学的目标。在这一教学目标下，越来越多的高校和日语教师在日语教学过程中引入日本文化、日本风俗等内容，教学的实用性不断增强；与此同时，对本国文化价值观念的重视程度远远不够，更是将思想政治教育拒之门外，这就容易使学生在跨文化交际中尤其是面对文化差异时陷入文化身份认同困境，无法运用日语讲好中国故事、传播中国文化，甚至处在文化自信缺失的尴尬境遇中。

立足课程思政视角下大学日语教学现状进行分析，当代大学日语教师和日语专业的学生普遍存在"唯知识论""唯分数论"的倾向，将更多的精力投入到听、说、读、写、译的知识学习和技能培养上，对在日语教学中加强思想政治教育的必要性认识不足，很多日语专业的教师对课程思政的理解不到位，认为思想政治教育只是思政老师和思政课堂的任务。同时，无论是从教材内容、课程设置还是教学方式、教学评价层面而言，目前的大学日语教学都缺乏将思想政治教育导入大学日语教学实践的载体和途径，理想信念、道德规范、法制

纪律、民族文化以及新时代中国特色社会主义相关思想等思想政治教育内容只能生硬地通过教师讲、学生听的方式加入到大学日语课堂教学中，"生硬加入"而非"有机融入"的教学过程很难达到核心价值引导、弘扬民族文化的作用，也与课程思政的宗旨背道而驰。总的来说，当前大学日语教学课程思政教育现状不容乐观，需要在更新思想观念、充分认识大学日语教学课程思政的教育意义的基础上，从教材编撰、课程设置、教学模式优化等方面综合施策，在大学英语教学实践中，不断推动专业知识教学和思想政治教育的有机融合。

二、大学日语教学课程思政的重要意义和实施策略

正如上文所述，课程思政就是要求将思想政治教育贯穿在各专业、各学科教学的全过程，通过与各专业知识体系教学的有机融合帮助学生理解道德规范、树立正确的理想信念和文化价值观念，所以在各类专业教学中贯彻课程思政教育理念至关重要。从思想政治教育的角度出发，虽然《思想道德修养与法律基础》等课程是大学生的公共必修课，但仅仅依靠专门的公共必修课无法实现全员、全过程、全方位的课程思政，必须将思想政治教育引入各学科教学中，才能充分利用教学资源，提升高校思想政治教育质效。从大学日语教学角度出发，日语教学与思想政治教育具有一定的契合度，尤其是在解决日语教学偏重"工具性"而忽视"人文性"这一问题上，在日语教学中引入思想政治教育，能够依托日语教学中丰富的教学资源和多样化的教学方式，对比中日文化差异，用日语讲好中国故事，从而潜移默化地培养爱国主义、集体主义思想，树立民族文化自信、文化自觉，强化跨文化交际过程中的主体性。由此可见，大学日语教学和思想政治教育是相辅相成的，而充分认识二者相互融合、相互促进的重要意义，在师生间营造良好的教学氛围，也是推动大学日语教学课程思政教育的先决条件。

推动大学日语教学课程思政教育首先要从"内容"入手，即在大学日语的课程教学中丰富思想政治教育的相关内容。在教材编撰的过程中，要在日语专业知识教学和思想政治教育中寻找恰当的契合点，增添思政教育语言素材，使教师能够依托教材进行课堂教学的过程中，更为自然地实现思想政治教育。在课程教学的过程中，一方面在必修课中设置小组研讨模块，在教师的引导下，在不同学习小组内设置不同的中日社会文化对比课题，并在组内讨论的基础上进行跨组交流，通过中日文化对比，在开阔文化视野的同时，避免学生受到良莠不齐的外来文化的过度影响。另一方面增设选修课程，如思想政治专题日语课，要求学生用日语介绍中国古典名著、历史名人轶事、民俗经典、新中国史、中国社会主义建设历程、科研成就、社会主义核心价值观、社会主义制度建设等；参观红色教育基地、名人故居、历史名胜等实践活动，要求学生用日

语进行模拟讲解，等等。

在丰富日语教学内容的同时，还要抓牢"模式"的革新和"载体"的拓展，充分运用现代信息技术，不断优化教学模式。随着社会对高素质日语人才要求的提升，大学日语专业的教学压力也不断增加，单纯利用有限的课堂教学推动日语教学中课程思政很难取得理想的效果。近年来快速发展的"微课"教学为拓展教学时间和空间提供了有效方式。在大学日语教学中，教师可以将部分教学内容制作成 5～15 分钟的"微课"，通过网络学习群组进行发布，使学生能够在课前进行有针对性的预习，更快速、更高质量地进行课堂学习。在制作"微课"的过程中，教师要注重围绕知识点进行内容排布、授课过程中突出思想政治教育功能，多运用思想政治语言素材，使学生在学习专业知识的过程中，不断提升道德素养和文化素养。

对于包括日语专业在内的高校外语专业的学生而言，在学习语言知识的同时接受了许多外来文化，如果不了解本民族传统文化、不认同母国思想道德价值观念，那么将不利于大学生树立正确的价值观，还会导致在跨文化交际中主体地位缺失，直接影响到个体的成长与发展，也无法培养出国家与社会发展所需要的外语人才。在课程思政视角下对大学日语教学理念、内容、模式进行研究具有很强的现实意义，通过丰富日语教学内容、优化日语教学模式，推动思想政治教育与日语专业教学有机融合将引导学生树立正确的文化价值观念，为其健康成长成才和日后跨文化交际奠定重要的基础。

第二节　日语课程思政教学改革的实践研究

一、日语课程思政教学改革途径

（一）在语言文字对比中，增强民族自豪感

日语产生之初是没有文字的，只能用于口头表达，无法标记。直至 3 世纪，中国的汉字大量传入日本，使日语终于有了语言的载体。日本人不但利用汉字记载自己的语言，而且在汉字的基础上发明了"假名"。日语的"假名"都是从古汉字的草书或楷书的偏旁部首简化而来的。教师在最初讲授假名的时候，可以通过说明其来源（也就是所谓的"文化溯源"），让学生了解日语对汉语的依存度，从而使学生深刻认识到汉语的博大精深，祖先的聪明智慧，以激发学生的民族自豪感。

日语的词汇更是如此，大部分的日语词汇源于汉语。现代日语的常用汉字大多源于汉语的繁体字，如"筆""場""車"等；一部分汉字进行了简化，如

"伝""児""気"等；还有极小部分的"国字"，即日本人独创的字，如"駅""丼""扒"等。日语汉字的发音分为"音读"和"训读"，"音读"是模仿汉语发音而产生的，而绝大部分的名词词汇都是"音读"。并且，绝大多数词汇的意思与汉语（包括现代汉语和古汉语）相同或相近，这样的例子不胜枚举。由此可见汉语对日语的深远影响。让学生了解我国悠久的语言文化对周边邻国，不仅对日本，对其他国家也有长远的影响，从而增强民族自信心和自豪感。并且，还可以引导学生运用马克思主义唯物辩证法看待繁体字和简化字之间的关系。

另外，现代汉语中的有些词汇是从日本传过来的，比如政治、经济、空港、卖场、便当等。教师在讲解这些词汇的时候，可以提示学生这些词汇是源于日语的，语言文化的交流是相互的。既不能盲目地崇拜外国文化，也不能完全排斥，对待外来文化要有一颗包容之心。

（二）在文化对比中，提升文化自信

党的十八大以来，党中央多次提出要加强"文化自信"，在外语教学中加深对中国传统文化的认知是途径之一。语言承载的是文化，教师在传授语言知识的同时还要培养学生跨文化交际能力。而中日文化又有着悠久的历史渊源，在了解日本文化的同时，还能够在中日对比中加深对本国文化的理解。

例如，在传统节日中，日本的新年指的是元旦，日本人不过春节。而过年吃年糕、给压岁钱等习俗与我国的习俗是一样的；在食文化中，日本的拉面也起源于中国，但在此基础上又进行了改良，更加符合日本人的口味；在服饰上，日本的传统服饰和服，在很大程度上受了中国汉服的影响，但是在面料和样式上又有所不同。通过介绍日本文化，不仅可以加深学生对日语语言的理解，还可以借此来重新认识中国文化，增强学生的文化自信，进而提升弘扬中华民族传统文化、继承和发展优秀文化的文化自觉性。

（三）在社会现象对比中，贯彻社会主义核心价值观

日本作为经济和科技都较发达的国家，跟我国相比，有一些值得我们借鉴和学习的地方。例如，日本人不乱扔垃圾、不随地吐痰；乘车、购物自觉排队；在公共交通设施上不大声喧哗等。相反，近年来中国游客在海外旅游的不文明现象频频被媒体曝光。为了实现"富强、民主、文明、和谐"的社会主义核心价值观的目标，就要努力提高自身素质、注意文明礼貌、注意社会公德等。

大多数学生选择学习日语，是因为比较喜欢日本的动漫或生活环境等。但在日本也存在着很多问题。例如过劳死案件逐年增加，自杀人数逐年攀升等问题。此时应引导学生批判地看待异国文化，取其精华、去其糟粕。辩证地吸收外来文化，形成正确的人生观和价值观。反观中国社会现状，该发扬的继续发

扬，该摒弃的摒弃，借此加强社会主义核心价值观教育。

二、日语课程思政教学改革

（一）教学目的与要求

目的：掌握授受关系句型。

要求：熟练运用授受关系句型。

（二）教学方法和手段

方法：日汉对比法。

手段：以课堂面授的形式，采取讲练结合的手段。

（三）主要授课内容

1. 日常用语

ごめんください?（有人在家吗?）用于去别人家敲门时。

融入思政教育：传承中华优秀传统文化，讲究文明礼貌。

2. 语法讲解

（1）～は～に～をあげます。

这是一个表示授受关系的句型。表示我（方）给他人或他人给他人某物。格助词"に"接在授受者后面，格助词"を"表示授予内容。此句型相当于汉语的"×××给某人×××"。

例：田中さんは王さんに辞書をあげました。（田中给了小王一本字典。）

母は妹に鞄をあげました。（妈妈给了妹妹一个包。）

（2）～は～から（に）～をもらいます。

这是一个表示授受关系的句型。格助词"から"前面接授予者，也可以用"に"替换。相当于汉语的"×××从得到×××"。

例：私はブーイフレンドから花をもらいます。（我从男朋友那得到一束花。）

私は母から電話をもらいました。（我接到了妈妈的电话。）

三、日语课程思政教学反思

（一）提升教师自身素养

根据习近平总书记关于"其他各门课都要守好一段渠、种好责任田，使各类课程与思想政治理论课同向同行，形成协同效应"的指示精神，教师在"授业解惑"之余也要担起"传道"的重任。但是，首先面临的一大难题就是日语教师自身的思想政治素养和思想政治理论水平。因此，学校应该通过集体培训、思政教师讲座、党员教师引领等方式，提高日语教师的思政育人意识以及思想政治理论水平。而且，还应把德育目标融入人才培养目标，以确保思政教育的时效性。

在提升教师思政素养的同时，还要提升教师的文化素养。作为日语教师不仅要传播日本文化，还要进一步学习和了解中国传统文化，熟悉中国的历史，熟知各地的风土人情等，以便更好地与日本文化进行比较，展现中国传统文化的博大精深。

（二）有机融合，"润物细无声"

思政教育如果单纯为了思政而思政，在日语课程中生硬地加入思政教育，非但达不到育人的目的，还会使学生产生抵触心理。因此，应善于发掘日语课程中蕴含的思想政治元素，如上文所述的社会主义核心价值观、马克思主义唯物辩证法等。将这些元素有机地融入日语课程教学的全过程，使日语知识的传授与正确的价值观引领相得益彰。

例如，在讲解劝诱句型「～ましょう」时，可以举例「お酒を飲みましょう」（咱们一起喝酒吧），「タバコを吸いましょう」（抽根烟吧）等。引导学生要树立正确的人生观和价值观，抵制社会上一些不良习惯的诱惑，坚定信念。

（三）注重创新意识的培养

通过改进教学方法，培养学生的创新意识也是思政教育的重要组成部分。摒弃传统的"填鸭式"教学模式，以现代化的教学理念为指导，创新教学方法，是培养学生的创新意识的最有效手段。运用翻转课堂的模式变被动学习为主动学习，让学生真正成为课堂的主体，积极参与教学活动。电脑模拟操作、视频软件等增加学习兴趣。分组谈论、合作完成任务，可以增强团队意识，从而建立和谐的人际关系。

主要参考文献

丁洪涛，2011. 教师的职业内涵与专业发展引论 [M]. 北京：中国轻工业出版社.

冯奇，2012. 外语教学与文化 8 [M]. 上海：上海大学出版社.

冯佐哲，2011. 中日文化交流史话 [M]. 北京：社会科学文献出版社.

黄明东，2011. 研究型大学师资队伍发展研究 [M]. 武汉：武汉大学出版社.

李孟辉，2012. 高校课程研究 [M]. 上海：上海交通大学出版社.

罗忠民，何高大，2011. 外语新课程教学论 [M]. 南京：南京大学出版社.

孟瑾，2011. 日语语法学词类研究 [M]. 北京：高等教育出版社.

阮桂君，2011. 跨文化交际 [M]. 武汉：湖北教育出版社.

时伟，2011. 大学毕业论文有效性研究 [M]. 合肥：合肥工业大学出版社.

吴书芳，2012. 高校外语教学、教改与教研 [M]. 西安：西安地图出版社.

徐曙，2012. 日语教育与日本学 2012 第 2 辑 [M]. 上海：华东理工大学出版社.

杨玲，2011. 高等教育教材出版研究 [M]. 北京：首都师范大学出版社.

高燕，2017. 课程思政建设的关键问题与解决路径 [J]. 中国高等教育.

邱伟光，2017. 课程思政的价值意蕴与生成路径 [J]. 思想理论教育.

陈萌，姚小玲，2014. 新时期高校思想政治理论课教师队伍建设的问题与对策研究 [J].
    思想教育研究.

余欢欢，2019. 应用型院校青年教师激励机制构建路径——基于双因素理论 [J]. 济南职
    业学院学报.